*Investment*

# Investment

# 獲利的法則

## 一個操盤手的虧損自白

吉姆·保羅
Jim Paul

布南登·莫尼漢
Brendan Moynihan

著　陳重亨｜譯

# 每天開盤都是新的一天，關鍵是你還留在場內

我在從事金融社會學研究的時候，曾經訪問過一位身價數十億的投資者，他跟我說，所有的成功都是失敗累積起來的，所有的東西都是虛幻的。明天，還能夠進場，還留有希望，那才是真的。這個觀點跟吉姆·保羅很像，要投機或投資，得先想好退路。可以失敗，但重點是明天必須有機會再站起來。

如果沒把如何面對虧損先想清楚，其實那就是在賭博，而不是投資或投機。吉姆·保羅認為那樣是在自行創造風險，而不是承擔或管理已經存在的風險。如果僥倖靠著運氣一帆風順，成功的越多，越容易被沖昏頭，日後的災難也只是更大罷了。他慶幸自己曾經輸得一塌糊塗，從挫折中學到如何站起來。

這本書值得一看，並不是因為傳授很多獨門技巧，而是吉姆·保羅讓我們認識失敗，承認它、面對它。一個先考慮失敗的人，能處理失敗的投資者，總是有機會留下成功。

坊間有許多投資理財的書籍，總是宣稱許多獲利的神話。但市場上的贏家，就是專家，一般人其實並不容易複製他們的獲利模式。畢竟那牽涉到許多複雜的環節，包括專業知識、資訊管道、資本規模，以及各種天賦異稟的反應能力。但如果我們可以承認虧損、面對虧損，控制風險，那就會有

機會成功。

　　全書經典妙語處處皆是，吉姆‧保羅本人也夠精彩，歷經投資失利加上喪母的整年抑鬱人生，讓他重新反省人生。第八章深入淺出地介紹許多投資的社會心理學概念，比如情緒感染、從眾等心理現象，是國內少見的引介。第九章系統性整理投資決策的心理過程，絕對值得反覆研究。畢竟要客觀面對自己的情緒和偏誤，比面對市場要難多了。

　　譯筆流暢，別有一番風味。反覆閱讀此書，絕不吃虧。如果能透過此書，客觀剖析自己失敗的原因，絕對是一檔划算的投資。

吳宗昇
輔仁大學社會學系副教授兼系主任
研究領域為金融社會學、經濟社會學

## 如學術般的見解！

這本書章節分成三部，第一部交易員回憶錄，可增廣投資旅遊閱歷，從這個賺錢的木材交易商品到那個虧錢的黃豆油價差套利商品；第二部學習教訓，刀刀見骨，誠實解剖投資人虧錢心理過程；第三部綜合討論，如何遵循投資紀律對抗心魔的理財規畫。

書中充滿投資喜樂、血淚及救贖，雖然看過非常多的投資心理或行為財務相關書籍，但以這本書最痛快：虧錢心理學，第一部是個人投資歷史，從孩童時期的賺錢經驗，到中壯年投機豪賭鈔票滿滿，後來跌入瞬間破產。當鈔票迎面而來，讓吉姆‧保羅飄飄然地進入一種自信—情緒化市場，自信可以誇大到在市場上「證明自己判斷正確」，他當時心裡感受就好像是上帝得打電話來請示：「明天是不是可以讓太陽昇起？」

破產後，吉姆‧保羅開始追尋賺錢術，比較投資名人賺錢術，比一比發現，名人賺錢術相互矛盾，其實滿吻合我們自己的經驗，甲名人倡導的投資法，與乙名人高舉的投資法不一致，令我們投資大眾不知所措，賺錢無規則，虧錢可能存在共通性，所以吉姆‧保羅轉而從虧錢的心理過程著手，這也是第二部學習教訓寫作重點，第六章虧損的心理動態，第七章風險的心理謬誤，第八章心理群眾，這些章節讀者可

能不陌生，不過吉姆・保羅不是學院派出身，反省自身投資閱歷，焠煉出如同學術般見解，令我動容，非常深刻，也非常實用，讓你更能融入虧錢情境，感染力很強。

第三部綜合討論，關於投資教育非常實用，如果你忙碌無暇，可以先看第三部，再回來看一、二部。投資有不確定性，建議投資人決策過程如下：(1) 決定你要做哪一類型的參與者；(2) 選擇一套分析方法；(3) 制定規則；(4) 建立控制機制；(5) 制定計畫。在制定計畫時要點是「在派兵之前，我們應該先想好退場策略。」

本書值得你細細品味。

郭迺鋒
世新大學財務金融系教授

## 先想好出場策略！

虧損是不對的，沒有人需要虧損。可是，就算「神」級的大師，也都有虧損的經驗，不說而已。差別在於，大師把賠錢，轉化成以後賺錢的學費。只是這個提煉過程，通常隱晦不言。而這段經歷，往往才是持續獲利的由來。

道理很簡單，沒有人可以持續獲利不賠錢的。賺錢很開心，那賠錢的時候呢？假如無法處理這個難堪的紀錄，就無法繼續賺錢。一般談交易或技術分析的書，都會講到停損。可是也有巴菲特跟彼得・林區這樣的價值投資者，股價越跌買越多，也賺更多。大師之間的看法截然不同，我們小老百姓該怎麼辦？這本書，就是要回答這個問題。

《獲利的法則》作者吉姆・保羅是期貨交易員出身，在賠光之前，曾經是木材期貨的最大主力，擁有過上百萬美元的財富。被成功沖昏頭，因此在黃豆油的一次操作失誤，不只輸光光，連信心都喪失。甚至他的父母，還在相同時間，紛紛過世，人生無法更悲慘了。

講完切身故事後，他歸納這段經歷學到的教訓，先談虧損。可以妥善處理虧損，才可能持續從市場上賺到錢。

他說：「世界上有兩種人：一種是聰明人，另一種是有智慧的人。聰明人會從自己的錯誤學到教訓，而有智慧的人可以從別人的錯誤學到教訓。各位閱讀這本書，都有機會成

為有智慧的人，因為我現在非常聰明。我在市場上犯錯賠掉一百五十萬美元，因此學到了很多教訓。」如果我們可以從他繳的學費，少犯一次錯，可就撈到了。

未慮進、先慮出。我們會對停損有疑慮，是沒弄清楚自己是什麼人。同樣買賣股票，交易員、投資者、投機客、賭徒是不一樣的。交易員從成交量獲利；投資者要先顧本金的安全，再去追求股息收入與長期資本利得；投機者，買進就是為了賣出，就是要賺差價；至於賭徒，就是押寶在不確定的事件，從對錯來定輸贏。因為目的不同，所以對相同價格變化，應對的措施就會不同。但是未來的不確定，卻是大家都逃不掉的。因此，所有參與者，不管投資或投機，最最重要一件事：先想好出場策略！

碰到那種情況，就該出場？投機者，或許是 10％ 停損，或是用哪條均線作為依據；價值投資者，也有營收獲利當指標，或是產業趨勢的變動，作為加碼或實現獲利的參考。

不管哪種策略，一定要先做出場策略，並嚴格執行！這就是獲利的法則！

黑傑克
今周刊專欄作家

# 序

　　說到成功交易的要素，我經常跟聽眾提起一個非常矛盾的現象，說起來也只有交易才會發生，其他行業都不會有。例子是這樣：任何一個理智正常的人走進書店（現在這個時代假如你還找得到的話），走到醫學書籍區，找到一本腦外科手術的書，帶回家讀它一個週末，你不會相信自己星期一就能進醫院手術房幫病人開大腦手術吧。我這裡強調的是「理智正常」。但不知道有多少人會覺得，你走進書店，找到投資書區，挑一本像是「我去年炒股獲利百萬」的書，回家讀它一個週末，然後就能在週一上場交易，相信自己可以擊敗投資專家。為何這兩者的思考，竟是如此天差地別？

　　對於上述矛盾，我自認為有個很好的答案。就我所知，交易是唯一一件業餘人士至少也能擁有五成勝算的事情。為什麼呢？因為交易時你真正能做的事也只有兩個：不是買進、就是賣出。而且，就結果來看，那些茫茫然毫無頭緒的菜鳥甚至還更容易決定要買要賣。這種情況在其他專業領域裡都不可能出現，甚至連非常、非常短暫的成功都不可能。要是沒接受過外科醫生的訓練，你想成功完成大腦手術的機會應該是零；連小提琴都不曾拿過，你想在紐約愛樂交響樂團前面表演小提琴獨奏的機會也是零。但只有交易才有這種奇怪現象，讓一些沒有真材實學或甚至毫無優勢的人也可以短暫成功，因此也讓人誤以為運氣比技巧還重要。

　　吉姆‧保羅認為他早期在市場上的成功，是因為他聰明，或者說是因為他願意打破規則。直到他賠光家當還欠了一屁股債之前，他都沒想過自己之前的所向披靡完全是運氣好。而保羅大概是第一個願意承認過去連戰連捷只是運氣好，不過還真是好了不少年。然而他作為交易員是有些缺陷，才造成他必然的全面潰敗，所以他也爽快承認，就算那個時候沒有賠光家當，到後來也會賠得更多、更慘而已。

　　事實上交易成不成功，通常都是因為心理因素，而不是戰術問題。吉姆‧保羅最後在市場上學到昂貴教訓，才明白成功交易絕非來自賺錢祕訣，而是要先搞清楚怎樣會賠錢。保羅努力研究自己在市場上的慘痛經驗，發現成功交易員都有自己一套賺錢方法，甚至有些方法彼此相互矛盾，但他們都明白交易本是有輸有贏，而且他們都知道怎樣會賠錢。賠光一切之後，保羅成為賠錢專家，正因如此，他才能變為成功的交易員，而非曇花一現的幸運兒。

　　很多投資書籍固然揭示各式各樣的成功祕訣，但我們從吉姆‧保羅的失敗經驗卻能學到更多，而且《獲利的法則》讀來相當有趣。這本書雖然寫得輕鬆活潑又好笑，不過，各位絕對不能忽視這薄薄的一本書裡頭，其實蘊涵著豐富的交易智慧和見解。這些經驗教訓都是保羅耗費全部家當才學到，現在各位只要花錢買本書就能學會，可真是太划算了！

傑克‧史威哲（Jack Schwager）

# 哥倫比亞商學院版前言

　　這本書第一次出版到現在已將近二十年，這段期間交易市場已有許多改變。人工喊價撮合幾乎是絕跡，許多交易所也合併，新奇的投資工具層出不窮，有些新玩意更帶來的巨額虧損，甚至讓全球金融市場受傷慘重。

　　但是過去二十年來，交易員和投資人在市場上犯下的決策錯誤，卻沒怎麼改變。不管是管理他人資金的專業人士或自負盈虧的投資散戶，儘管操作規模有大有小，卻很容易犯下同樣的錯誤。從這本書第一次出版以來，我們親眼看到幾次風險控管上的大災難。比方說，1995年霸菱銀行（Barings Bank）的尼克‧李森（Nick Leeson）在日本股市豪賭，輸了八億七千二百萬英鎊（約十四億美元）；同一年，大和銀行（Daiwa Bank）的井口俊英（Toshihide Iguchi）也賠了十一億美元。住友商事（Sumitomo）的「銅先生」濱中泰男最後就栽在黃銅交易，賠了二十六億美元。還有，全一銀行（Allfirst Bank）的約翰‧魯斯納克（John Rusnak）在2002年交易外匯，賠掉六億九千一百萬美元。中國航油公司（China Aviation Oil Corporation）的陳久霖在2005年的噴射燃料期貨交易賠掉五億五千萬美元（堪稱「航油之王」的悲壯殞落）。接著，法國興業（Societe Generale）的傑洛米‧科維爾（Jerome Kerviel）在2006年至2008年間交易證券衍生商品，總共虧空四十九億歐元（約七十四億美元），

這個數字真是太驚人了。

　　這些備受矚目的重案和其他類似狀況，讓新聞媒體、監管機關和學術界對風險管理產業的策略和控管極為關注。雖然事後針對個案的檢視與研究，對於內部控管和避險策略的選擇提供許多寶貴教訓，但大家卻都忽略了交易員之所以釀成大禍的個人心理層面。儘管這些虧損是因為控管失嚴和避險策略錯誤，但此二者實非虧損主因，交易員的作為才是關鍵所在。要了解這些虧損是如何造成並防止慘劇再次發生，我們必須先了解這些人的心理。這本書就是探討投資心理上的問題。我以吉姆・保羅（Jim Paul）的故事為寓意，揭示投資人和交易員平常在市場上最容易出現的三大錯誤，這些錯誤其實一直都沒改變，恐怕也永遠不會變。這些錯誤不受時間所限，因此從中獲得避免犯錯的教訓也將永遠適用。本書出版後我曾經訪談過幾百位交易員和投資人，他們對書中說法和其中的教訓都感同身受。這是因為我們在某些時候都賠過錢，而書裡頭所談的正是造成交易虧損時的心理過程、行為特徵和情緒變化。針對這些過程、特徵和變化，書中提供一些預防的方法，要是可以避開這些陷阱，虧損自然不會發生。希望這些教訓和故事都能讓各位有所啟發也感到有趣。

# 前言

　　書籍大概可以分成三類：教育、娛樂和參考用書。教育類的書教導我們一些事情，娛樂書刊讓我們開心，參考用書提供一些資訊。這本書既是教育也有娛樂，各位要是記得書中故事，自然就比較不會忘記那些教訓。就此而言，這本書也可以說是一則寓言，透過小故事來說明重要的經驗教訓。從呼喊「狼來了」的小男孩到「國王的新衣」，寓言都是傳達日常生活重要教訓的有效方法。這本書也一樣，說的雖是一位期貨交易員的故事，但他的教訓也適用於股票、債券等交易的投資人，還有其他商業人士包括創業家、經營者和諸位執行長。

　　各位即將讀到的故事，其寓意是：屢次的失敗，只要不被打垮，就是成功的基礎；反之，要是接二連三的勝利就志得意滿地情緒化看待，反而是失敗的開始。愛迪生大概失敗了一萬次，才找到正確的燈泡鎢絲。他在門洛帕克的實驗室不幸燒成平地的當天，記者問他該怎麼辦，愛迪生回答：「明天開始重建。」愛迪生之所以會成功可以說是因為他沒被失敗打垮。另外我們再看看亨利・福特，他曾跟愛迪生一起工作過，也非常欽佩愛迪生。福特在 1905 年白手起家，短短十五年就建立全球最大也最賺錢的製造廠。但幾年後這個看似固若金湯的商業帝國卻是老態龍鍾搖搖欲墜，此後二十年

幾乎是年年賠錢。福特這個人固執的程度是眾所皆知的，他的公司會虧損嚴重，能不能說是因為他把成功太視為理所當然，認為自己絕對不會做錯呢？

連連獲勝之後的心理變化，正是肇禍之始。他們開始以為成功完全是個人能力的必然結果，而不是在正確時機和位置把握到機會，或者體認到這一切只是運氣所致。他們總覺得，只要自己出招自是手到擒來。

這種情況有很多說法：傲慢、自負、自大。但成功是如何內化到心理層面，隨後又帶來猝不及防的失敗，這個轉變過程至今還沒人清楚說明過，而我們要做的就是這件事。這本書的例子跟眾多企業家的個案研究一樣，從抓住機會，奮勇進擊，功成名就，然後犯下錯誤，樓起樓塌。我們談的雖然是個交易員的故事，但裡頭的寓意教訓也都適用於其他許多狀況。不管你是在交易場上或者商界裡頭，這些教訓對各位都很有幫助。事實上這兩個領域的共同點，比各位想到的還多。《富比世》（Forbes）雜誌1993年版「全美首富四百人」的封面上引述華倫‧巴菲特的話說：「我是個生意人，所以我更擅長投資；也正因我是個投資人，所以我更擅長做生意。」如果投資和做生意的成功祕訣可以相互援用，那麼失敗的教訓也可以。

從虛構故事展演成功如何令人志得意滿，最後又是如何導致失敗，當然可以讓我們有所領會，不過這些成功和重大

虧損如果是真人實事，各位想必更能牢記在心。那麼這裡說的虧損有多大呢？是累積十五年的投資勝績，最後在短短七十五天賠掉一百多萬美元。

### 為什麼要出一本談賠錢的書？

大家在投資市場上應該都賺過一些錢，對於要怎麼賺錢，多少也有些了解。不過大多數賺少賠多，因此他們對於怎麼賠錢想必也不甚明瞭，要是投資失利，他們會買書來看、參加投資講座，找些能夠賺錢的新方法，以為之前所以賠錢必定是方法「明顯失靈」。就像是賭賽車的人一再押錯寶，投資人的書架上也一定滿滿都是荷瑞修・艾爾吉（Horatio Alger）的書，說的都是從赤貧怎麼變巨富。這種書當做娛樂看看是不錯，但常常被人視之為教材，以為從中可以學到百萬富豪起家致富的祕訣，尤其是那些在交易場上揚名立萬的大戶更是受到推崇。這種書還標榜為「實用指南」。從 1881 年詹姆斯・布里斯賓（James Brisbin）的經典作品《牛肉寶藏：草原致富術》（The Beef Bonanza: How to Get Rich on the Plains）以降，到現代各式各樣的賺錢妙方，如何在市場勝出、如何利用所學所知賺錢、如何運用致勝策略、如何在吃早餐之前就賺飽百萬美元。這些大家都看過吧，要是真的有效，我們早都是百萬富翁了。

回顧那些討論投資和交易的書籍，其中很少寫到賠錢。

會寫到賠錢這種事的書，又往往是誇大譁眾、未經授權的傳記或八卦狗仔作品，迎合那些幸災樂禍的低級趣味。那些報導名人的書籍聽起來當然很有趣，但都不是為了讓讀者從名人錯誤學習教訓為目的撰寫而成的。大多數討論投資市場的書，對於賠錢這種事只是輕描淡寫，作者也許會提到，強調一下重要性，然後就此擱下，什麼也沒說清楚。

《獲利的法則》是針對賠錢心理的輕鬆探討，提供給曾經賠錢或想要防止慘劇再次發生的投資人、投機客、交易員、營業員和基金經理人做參考。大多數探討市場心理層面的書籍，大多集中於行為心理學或心理分析（什麼昇華、退化、壓抑、憤怒和自我懲罰等作用），這種書不是說沒用，而是許多人根本看不懂，懂了也不曉得實際上如何運用；還有一些書籍是靠著虛構人物傳達觀點，也有些書是彙整一些關於賠錢的老生常談充數。但我這本書說的是一位實際虧損百萬美元的交易員，利用他的真實經歷深入淺出地介紹虧損的市場心理，各位不但能從中學到一些東西，書中的故事也非常有趣。

本書的第一部分是吉姆・保羅連戰皆捷的成功經歷，從髒兮兮的鄉下小孩變成搭著噴射機的百萬富豪，一度是芝加哥商品交易所（Chicago Mercantile Exchange）執行委員會成員，直到大虧一百六十萬美元轟然倒下。這本書的觀點之一，就是指出先前的成功預設後來的失敗，過去的勝利預告

未來的殞落。要不是之前那一連串的成功，或許也不會有後來的失敗。一開始沒有勝利或失敗的經驗，可說是勝負機會都只有一半，你可能是個贏家，也可能會是個輸家。等到開始交易而且是常勝軍，也就為自己布下失敗的陷阱，因為那些成功經驗會帶來許多心理上的扭曲，尤其是在不知不覺間打破遊戲規則卻還是贏的時候。一旦這種情況出現，你自以為天賦異稟，不受凡規俗例的拘束。

災難的種子是在吉姆第一份工作播下的，當時他才九歲。曝身在廣大世界的金錢和物質生活之中不知防備，正是他日後事業其興也勃、其亡也忽的主要原因。於是他找尋市場上賺錢的專家做榜樣，想要學習他們的交易法。我們生病的時候會找最好的醫生，碰上麻煩時也會找最好的律師，所以吉姆也讀遍專業投資技巧的書，探索行家手裡的致勝祕密，但是愈看愈迷糊，因為他發現賺錢的方法不但五花八門，甚至還相互矛盾。某個專家贊成的辦法，就有另一位專家誓死反對。後來他終於想通了，與其研究賺錢，他應該研究賠錢和失敗，知道怎樣才不會賠錢比較重要。

本書第二部分介紹吉姆從賠錢經驗習得的教訓。也就是說，賺錢的方法儘管是人人各有一套，賠錢的方式卻是寥寥可數。我們在市場上賠錢，不是因為分析錯誤就是有某些心理因素作梗，妨礙了分析結果的應用。而大多數虧損都源自後者。所有的分析方法有一定的正確性，但你不能全押上，

必須留點退路預做準備，以防它失靈。但某些心理因素卻會讓你死抱著賠錢倉位不放，或者在這個方法失靈，就急急忙忙改用那個方法，結果是兩面挨耳光。

本書第三部分提點各位，要怎麼避免心理因素造成的虧損。交易和投資失誤不難理解，但很難改正。要了解這些有礙投資的心理因素，不必長篇大論的心理學理論，只須建立簡單架構即可幫助你理解和接納，從而避免災難性的虧損。這本書會幫助各位辨識、確認並避免掉一些投資、交易和投機上的陷阱。

所以，我們為什麼要寫一本討論賠錢的書？因為賺錢的方式人人都有一套，但賠錢方式就那幾種。而且，市面上儘管都是教你賺錢的書，但大多數的人也沒富到流油！

布南登・莫尼漢（Brendan Moynihan）
美國田納西州那什維爾
1994 年 5 月

# Contents

獲利的法則
What I Learned Losing A Million Dollars

——— 第一部 ———
交易員回憶錄

經驗是最惡劣的老師，在你學到東西之前就先考試。

————無名氏

我賺了二十四萬八千美元。一天之內，就賺了將近一百萬美元的四分之一。多到令人不敢相信。感覺真像是上帝還要打電話問你，明天早上可不可以讓太陽昇起。

我有一張很特別的桌子，底下是根銅柱，撐著一面三吋厚、六吋寬、七吋長的桃花心木，桌面看來像是懸在半空。書架跟桌子一樣，拴在牆上，像是懸空。你走進辦公室就會看到整片的地毯，有一根銅柱豎起，兩片木板浮在半空，無視於地心引力。當時我想做的就是這個：挑戰地心引力。我坐在那張漂亮桌子前，迫不及待地等著市場開盤，準備今天再賺個五萬美元。我想這樣的生活不會再更好了吧！我沒說錯，是不會更好了。

那天早上市場開出低盤，就再也沒有回升到前一個交易日，也就是8月最後一個星期五的價位。那個星期一之後就開始跌，我每天平均大概賠掉兩萬到兩萬五千美元，就這樣賠了好幾個月。空頭最是無情，偶然的回升只像痙攣抽搐。幸虧我已開始安排客戶退場，他們大多還有賺到一些，有些也僅是小賠。但我自己當然還是繼續撐下去，要打長期抗戰，這會是一場大輸贏。柯比跟我準備靠這次買賣海撈千萬！

　　到了 10 月中旬，原本賺錢的倉位已經轉盈為虧。我不知道到底虧多少，但我曉得大部分的錢都賠掉了。因為倉位狀況愈來愈差，我開始接到保證金追繳的要求。我等了幾天看看市場會不會反彈，要是回升了，我就不必補滿保證金。要是回升反彈就萬事大吉囉。萬一沒有，幾天後我就得向朋友借錢。我兩三天就要追繳保證金一次，但經紀商的態度是：「我們曉得你是個大戶啊！你是交易所的董事嘛，而且也是執行委員。你是自家公司的高級主管。我們都知道錢對你不是問題。」

　　11 月的第一個星期，我的保證金缺口已經是個大洞，大概有二、三十萬美元。究竟是多少我自己也搞不清楚。黃豆油從每磅三十六、七美分跌到二十五美分，因此從 8 月時的高價算下來，已經跌掉七、八十萬美元。更糟的是，我還跟朋友借了四十萬美元。

　　最後經紀商總算大發慈悲，幫我砍倉斷頭，因為我自己辦不到。11 月 17 日，經紀商派一位高級主管到我辦公室，清算所有倉位。

　　我從 8 月 26 日的什麼都有，到 11 月 17 日什麼都沒有。但我不會放棄交易。我就當它是在桿弟休息區賭二十一點，我不會退出，但我要想辦法不再輸錢。


　　我不是只因為分析錯誤就賠掉那麼多錢，當然！分析失

誤是有影響，但還有一些「別的什麼」讓我死抱著賠錢倉位不放，甚至到我需要借錢來補洞了還不放棄。那個「別的什麼」就是我在一連串成功之後造成的心理扭曲，所以才會讓我把交易倉位跟「自負」綁在一起，而陷於如此慘重的虧損。

正如前言所說，這種類似的扭曲也讓亨利・福特吃盡苦頭，讓他的公司在 1920 及 1930 年代連連挫敗。這種扭曲也不停地困擾著許多創業家、經營者和企業執行長。比方說，管理大師彼得・杜拉克（Peter F. Drucker）1993 年在《華爾街日報》撰文指出：「過去幾年來陸陸續續看到大企業接二連三地崩壞，包括通用汽車（General Motors）、西爾斯百貨（Sears）和 IBM 等等」，而且「IBM 的挫敗還是肇因於它太過成功，真是有夠矛盾」。杜拉克還說：「成功反而會淘汰過去帶來佳績的行為。」雖然這些企業都因為某些特定的策略失誤而受挫（杜拉克稱之為「企業的五個致命失誤」），但這裡頭也牽涉到個別經營者決策時的心理因素。我們這本書要探討的就是這些心理因素。

有些人因為成功而驕縱自大，反而帶來慘烈失敗。他們開始以為成功全是因為個人，而不是在適當時機和位置把握到好機會的結果，甚至也可能只是因為好運。有些人會開始以為自己出手就一定會成功，而且這種想法還挺常見。我們看看王安電腦（Wang Laboratories）的王安怎麼說：「我發現很多才華洋溢的人，會以某種方式來破壞自己的生活，

我挺驚訝的⋯⋯常常是曇花一現地躍升，然後就觸發急速殞落。很多人的失敗就是自己造成的。如果你可以走得很遠，又不會自招敗局，大家就會說你是個天才。」再看看西南航空公司（Southwest Airlines）執行長賀伯・柯勒赫（Herb Kelleher）怎麼說：「我想，失敗最簡單的方法，就是開始相信自己很成功。」這個「開始相信」就是心理內化的過程。我們這本書要說的，就是學會辨認這個過程，即可預防它釀禍。

小時候，我爸爸告訴我世界上有兩種人：一種是聰明人，另一種是有智慧的人。聰明人會從自己的錯誤學到教訓，而有智慧的人可以從別人的錯誤學到教訓。閱讀這本書的各位，都有機會成為有智慧的人，因為我現在非常聰明，我在市場上犯錯賠掉一百五十萬美元，學到了很多教訓。我從百萬交易員兼芝加哥商品交易所執委會成員的高峰直接摔到地上的故事固然了不起，但一樣精彩的是，身處雲端卻預先舖下日後崩潰的整個過程。

# 第一章　源自飢餓

　　我九歲的時候開始第一份工作。當時有個同學在州艾斯梅爾附近的鄉村俱樂部高爾夫球場當桿弟，有一天他問我要不要一起來，我說：「好啊！」我爸媽覺得這真是個好主意，工作會讓我了解錢的價值。而我也覺得太棒了，因為可以賺錢。

　　這是我跟金錢戀愛的開始。在鄉村俱樂部工作，我了解到錢的重要性，它可以讓人在生活中獲得更好的東西，而那些都是我過去從來不曉得的好東西。當時是在 1950 年代初，我爸爸擔任測量員一年收入才四、五千美元，因此日常生活中也負擔不起什麼好東西。

　　尖峰山（Summit Hills）雖然稱不上頂級，至少也是個鄉村俱樂部，那裡的人都比我住處附近的民眾有錢多了。儘管當時我才九歲，但就成了聖亨利（St. Henry's）學校同班中唯一曉得「奧茲莫比爾（Oldsmobile）的車子比較好」的小孩。我通常擔任查理‧羅伯奇（Charlie Robkey）的桿弟。他高爾夫打得不是很好，但他賺了很多錢，有一輛漂亮的車子。查理開著全新的凱迪拉克艾爾多拉多（Eldorado）敞篷車，罩上車頂篷，身邊坐著漂亮的金髮太太圍著雪紡綢頭巾。我對自己說：「我要跟查理一樣，做查理做的事情。我不要跟我們那裡的人一樣開雪佛蘭的車子。我也想要一輛艾

爾多拉多，跟查理一樣。」其實我不曉得查理做什麼大生意，那不重要，重點是查理賺了好多錢，有很多昂貴的物品。

## 老鵝的五分錢鎳幣

當時我認為，做什麼工作都不打緊，重要的是能賺多少錢。讓我有這種想法的，不只是因為俱樂部裡像查理‧羅伯奇那樣的大亨，還有其他桿弟的影響。那時候我們非常欽佩一個叫「老鵝」的桿弟，他大概十四、五歲，對九歲小孩來說，夠老了吧。俱樂部中有一個很大的桿弟休息區，我們平常就坐在那裡等候使喚。大家在那裡對著牆壁丟五分錢鎳幣比輸贏，老鵝擲硬幣的功夫實在厲害，幾乎每次都能貼著牆壁。我背著好大的高爾夫球袋到處走四小時才能賺到兩美元，而老鵝則是在休息區擲硬幣比輸贏。結果一天下來，他賺得比我還多。我工作得比老鵝認真，可是他卻賺得比我多。他在桿弟休息區很受到大家的尊重和敬佩，但不是因為他擲硬幣很厲害，而是因為他有好多五分錢鎳幣。所以我就覺得，不管我是老老實實地背著高爾夫球袋幹活，或者輕輕鬆鬆地擲錢幣都沒關係，重要的是可以賺多少錢。做什麼都沒關係，賺多少才最重要。

## 短命的少棒生涯

我會把錢看得很重，有一部分原因，也是因為我爸媽。

他們不只是希望我了解金錢的價值，也希望我真的有份工作可以開始賺錢。那時候學校同學大家都想進少棒隊，而我也不例外，所以我們一起去棒球場做測試，教練問我們想擔任什麼位置，我說「游擊手」。其實我根本不知道游擊手是幹什麼的，只是從朋友那裡聽來這個名稱，加上那時我長得矮，覺得這個名稱聽起來挺威風，所以就選了。不過挑選這個位置實在是個錯誤，因為打到我這裡的球，不是從兩腳中間漏掉，就是彈得比我還高，根本搆不著。不過我很會打球，很多球投來我都打得比外野手還高，後來還有一球，我直接打到教練那裡，結果我就入選少棒隊，擔任左外野手。

第一場比賽時，我就擊出一支滿壘全壘打，最後以四比二贏得比賽。當然，我專業的外野守備得要為失掉的那兩分和我一身髒兮兮的制服負責，這身制服的確是個問題，因為我去參加選拔又加入少棒隊，都沒跟爸媽說。那天下午我回家，請媽媽幫我洗髒兮兮的棒球隊服時，她叫我退出別打了：「打棒球一點用都沒有，當桿弟才有用。你當桿弟可以賺錢，打棒球可不行啊。」我那短暫而輝煌的棒球生涯也就到此為止，這更讓我相信錢才是最重要的。

我是到了鄉村俱樂部和桿弟休息區，才第一次認識錢和怎麼賺錢，而且還學到玩撲克牌賭二十一點、金羅美（一種紙牌遊戲）也能賺錢。我十歲的時候就會用五分錢鎳幣玩二十一點。因為我把錢看得很重，所以在桿弟休息區玩

二十一點，我幾乎是每賭必輸，有一天我對老鵝抱怨，我老是賭輸錢，他說他跟大家都在騙我，我當然會輸啊！接著他向我展示詐賭的技巧，開始玩的時候先把第一張牌拿掉，當做「銷牌」。但這張牌卻是面朝上地蓋在整副牌的最底下，所以你根本搞不清楚整副牌的最上和最下。開始玩之後，又把那些玩過牌的繼續蓋在最底下，等到需要時就從最底下抽出那些已經知道點數的牌出來騙我。知道之後，我沒有因為這樣就不再玩二十一點，但我不會再一直輸錢了。

暴露在鄉村俱樂部的金錢文化中，我渴望參與那些有錢人的活動，希望結識大亨。我拚命巴結那些大人物，比方說強尼·梅爾（Johnny Meyer）。強尼·梅爾是俱樂部的高爾夫球冠軍，我擔任他的私人桿弟。拜此所賜，我才能第一次離開肯塔基州的艾斯梅爾，到外頭開開眼界。我搭著強尼的克萊斯勒敞篷車，到大泉鄉村俱樂部（Big Springs Country Club）比賽。他到路易斯維耳市是要參加肯塔基州業餘錦標賽，所以帶我去當桿弟。我們從辛辛那提開車前往路易斯維耳，當年十三歲的我覺得這真是酷斃了。我跟著偉大的高爾夫球高手，坐在他那輛拉風的跑車上頭，準備到另一個城市的鄉村俱樂部。我心想：因為我是個優秀的桿弟，所以他才會帶我去。這雖然是短短七十英里，但對我來說可是不得了的旅程。

到鄉村俱樂部工作，改變了我對世界和社會的看法。要

是我沒去那裡的話，也不會知道世界上有那些好東西。在我居住的艾斯梅爾，要是你從沒接觸過那種「另類生活」，你就不會知道原來還有這些東西。在艾斯梅爾，便當喬（Joe Lunch Box）就是世界上最幸福的人。便當喬高中畢業後就在當地工廠上班，早上鎖緊 V8 引擎左邊四顆螺絲，中午吃便當，下午再把右邊四顆螺絲鎖緊，然後下班回家看電視、喝啤酒。他覺得自己很幸福，因為他根本不知道有艾爾多拉多那麼拉風的跑車，也不知道旁邊女孩戴著雪紡頭巾有多漂亮；他不會曉得有金面具圖案的麥克雷格（McGregor）才是最好的高爾夫球桿，斯伯丁（Spaulding Executives）只算二流貨色。你會想要擁有金面具的麥克雷格。如果你沒接觸過這個「另類生活」，你不知道它的存在，當然也不知道自己錯過了什麼。

　　鄉村俱樂部讓我看到生活中美好的一面，讓我想要擁有那些好東西。一旦我認識了「另類生活」，知道它的好，也明白自己錯過什麼，這就是個問題了。因為我想要擁有的東西，同年齡的小孩甚至都不知道有這些東西呢！，這讓我更不快樂。我想去學打高爾夫球，希望有桿弟對我說：「早安，保羅先生。」就像我會說：「早安，羅伯奇先生。」我希望自己也是鄉村俱樂部的一員，而不是便當喬那種傢伙。

　　基本上，我在鄉村俱樂部學到的是：以什麼營生並不重要，重要的是能賺多少錢。我可以像便當喬那樣做苦力，但

我也可以像查理‧羅伯奇一樣靠聰明賺錢。

在我相信賺多少比做什麼更重要的同時，也發現高所得工作需要高學歷。便當喬只讀完高中，而那些查理‧羅伯奇和強尼‧梅爾等大人物可都念了大學。我了解到為了賺大錢，我一定要接受某種程度的教育，而為了得到適當的教育，我也一定要先付錢。為了以後賺大錢，現在就要先有點錢，所以我從九歲開始就做各式各樣的工作。我是聖亨利中學裡頭少數幾個自己付學費的學生。這是一所教會學校，而我爸媽都是虔誠的天主教徒，他們叫我一定要念這所學校，我只好就去了。可是我家是一般家庭，並不富裕，只能靠我自己繳學費、買書、買衣服。這讓我更堅信錢的重要性。

我當桿弟到十五歲左右，那段時間我也在專賣店打工，還幫人上高爾夫球課。不再當桿弟以後，我開過一家高爾夫球練習場，在餐館當過助理、在修車廠服務站打過工。我高三快畢業的時候，在服務站一週要工作五十五個小時。星期一到星期五每天下午兩點我就離開學校，從三點一直工作到晚上十一點，禮拜六和禮拜天從早上八點做到晚上十點。因為我長大了，我爸媽也不太管我幾點回家。而且我自己工作賺錢，所以我可以花自己的錢，隨便我想幹嘛都行。真的，我想幹什麼他們都不管，只要別惹麻煩。我爸爸的態度是：「小子，要是你搞砸，惹了麻煩，我就怎樣怎樣……。」我爸媽會訂下一些基本規則，我照著做就是。

　　只要知道規則何在，任何事情都會變簡單，因為只要跟著規則走就會贏。一旦知道怎麼樣從 A 點到 B 點，我只要付出最低限的努力，做好那些必須要做的事情。喜歡的科目，我的表現就很棒，不喜歡的科目就很糟，這讓老師非常感冒。不過因為只要拿到「C」就能過關，所以我的成績大多是「C」。喜歡的科目我還是可以拿到「A」，其他拚及格就好了。我的成績單總有一句「沒有發揮潛力」的評語，這些真是讓老師氣壞了！更糟的是，我被選為學生會的代表，而我可不是老師希望的那種代表，他們認為學生代表就該是個乖乖牌，不喝酒、不飆車，也不會到處淘氣搗蛋。

　　我有工作、有錢，而且也買了車，所以我過得很自由。十六歲生日時，花了自己的七百美元，買了一輛 1953 年出廠的「水星」（Mercury），那可真漂亮啊！但一年後就賣了，我又買了 56 年出廠的雪佛蘭，這一輛更帥。雖然不是艾爾多拉多，但也夠拉風的。在我十七歲時的肯塔基州艾斯梅爾，生活中的大事就是你開什麼車，而我就真的有車。我後來還改裝那輛 56 年的雪佛蘭，把它的底盤調低，車身全部「剃光」。不知道現在還有人知道什麼是「剃光」嗎？就是把車身外頭字樣、裝飾和引擎蓋上標誌全部拿掉，然後用鉛把那些洞填起來，再重新烤漆。接著又把車身調低。我在這輛車上安裝很大的 V8 引擎和赫斯特（Hurst）變速器。這輛 56 年的雪佛蘭真是酷斃了！整輛車是閃閃發亮的深藍

色，內裝有滾邊打摺的真皮坐椅，車內還鋪著特殊的地毯。因此在我十七歲的時候，我覺得自己漸漸成為鄉村俱樂部的「保羅先生」。我努力工作、拚命賺錢，我有輛車，車上載著漂亮的女朋友。羅伯奇先生，你看，我來了！

## 第二章　跨進真實世界

後來我賣掉那輛雪佛蘭來支付大學學費。我爸媽都沒念過大學，所以我上大學對他們而言可是件大事。我利用賣車的錢和過去的儲蓄供自己讀完大學。以前工作期間，不管賺多少，我爸媽都要我拿出十分之一，存在他們控制的帳戶內。

我在 1961 年獲得肯塔基大學的錄取。當時按照肯塔基州法規定，只要是從州政府認可的高中畢業，都有資格進肯塔基大學讀書。不過真正的考驗是進了肯大之後，因為肯大實際上沒那麼多名額接納所有的肯塔基畢業生，所以他們會在頭兩個學期儘量把學生刷掉。這個負責篩選的難關是大一英文。我剛進大學時，就有人警告我說這可是一場「比賽」，一定要拚命抓牢，不能讓他們把我刷掉。我如果想進鄉村俱樂部當「保羅先生」，就一定要大學畢業，所以我不能被刷掉。我拚命讀書，在大一英文這一科拿到「B」，整個學期的成績平均積點（grade-point average）是二‧六分。因為只要拿到二分就及格（譯按：即「C」），所以我確信自己過關。撐過重要的第一學期，我也開始注意社交生活。

開始了解社交生活後，天啊！我真是大吃一驚。周圍的人個個都比我有錢，每個人都有「貝斯維京」（Bass Weejun）。我甚至不曉得它是什麼，後來才知道是種鞋款。萊星頓（肯

塔基州，非麻州）的每個人都穿貝斯維京。我沒錢、沒高檔衣服，也沒有貝斯維京。我甚至連套西裝都沒有。直到大四，我的好朋友湯姆・克隆（Tommy Kron）才借錢給我買了第一套西裝。而我爸媽每週從我那個「不管賺多少都要存十分之一的帳戶」寄來十美元，就是我的生活費。我在艾斯梅爾好歹也算是個人物，我有一輛好車、約會女伴是啦啦隊長，而且我也是學生會代表等等。在家鄉我還算是有點地位，但到了肯大當新鮮人，我又變得一窮二白了。

我不過是金凱樓（Kinkead Hall）裡頭的大一新生，一個無名小卒。從社交的角度來看，再沒有比大一男生更悲慘的，簡直是沒人理。大一女生只巴望著跟大二、大三男生交往，大一男生只好相互取暖，一起喝喝啤酒，吹噓一下高中時代多神勇。

六個月後我決定，要是加入兄弟會的話，狀況應該會變好吧。所以我就出去趕趕兄弟會熱潮，這對我來說可是個大膽行動，因為我沒有靚衣華服、沒有高檔朋友，更沒有錢。室友是一位叫吉姆・海夏（Jim Hersha）的男生，出身背景與我相當，算是同病相憐。我們常一起出去碰碰運氣，去的第一場派對是「西格瑪・奴」（希臘文「ΣΝ」）的會所。那些傢伙根本都是瘋子，我敢對天發誓，電影《動物之家》（Animal House）裡面演的，這裡都有。到大三的時候，校友們贊助「西格瑪・奴」兄弟會一幢又大又漂亮的新樓房。

想進去裡頭參加他們盛大的喬遷派對，還得朝窗戶扔磚塊才能爬進去。海夏跟我都覺得，「西格瑪·奴」對我們來說也太瘋狂了吧。

後來我們又去了幾次派對，最後才決定參加「卡巴·西格瑪」（希臘文「ΚΣ」）兄弟會。其實我們一點也不知道，要參加什麼兄弟會，也不是我們說要就成的。我當時還真是個菜鳥。我走下金凱樓，拿起大廳的電話，直接撥到「卡巴·西格瑪」兄弟會所，說要找會長赫雪·羅賓森（Herschel Robinson）。赫雪接了電話，我就說：「赫雪嗎？我是吉姆·保羅。」赫雪根本不知道吉姆·保羅跟吉姆·海夏是何方神聖。「我跟我好朋友吉姆·海夏都參加了幾場派對，說真的，搞得我們都有點煩，像什麼『岱爾它』（希臘文『Δ』）、『西格瑪·奴』、『西格瑪·艾普西隆』（ΣΦΕ）、『西格瑪·阿爾發·艾普西隆』（ΣΑΕ），我們都去了，也受夠了！所以我們待會兒就去會所那邊，拿我們的會章。」然後我們就到會所，他們還真的發了會章給我們，讓人不敢相信。現在我當然知道這件事該怎麼辦才對，不過我不敢相信他們那時竟會發會章給我們。我們就這樣厚著臉皮加入「卡巴·西格瑪」兄弟會，原本是要他們同意才行的，但我們根本什麼都不懂，連自己壞了別人的規矩都不知道。

## 「Gin」是指酒還是紙牌遊戲？

加入兄弟會之後，他們會叫你幹些蠢事，當做是入會訓練。比方說叫你擦鞋、擦窗戶、倒垃圾，反正就是幹些雜七雜八的小事。有一天，我坐在會所的地板上擦皮鞋，旁邊有兩個學長強尼・考克斯（Johnny Cox）和派特・葛里爾（Pat Greer）在玩金羅美（gin rummy；譯按：簡稱「gin」跟琴酒同名）。玩到一半，葛里爾有事先走，強尼・考克斯四處看了一下，就說：

「喂，菜鳥，你知道『gin』嗎？」

「我知道啊，要是你跟我昨晚一樣喝多了，隔天頭會很痛。」

「是紙牌遊戲啦，你這個白癡。你會玩金羅美嗎？」

「不會，學長，我不會玩。可是我一直很想學。」

各位注意喔，我十歲在尖峰山鄉村俱樂部就已開始玩牌，金羅美已經打了八年囉。

「那好吧，別再擦什麼狗屁鞋子了，快過來。」

我走到桌子邊，他說：「好，我們來玩金羅美。不過，菜鳥，你聽好，我們要賭錢。」

「嗯，學長，我明白。可是我沒錢耶，我是說，我身上根本沒錢。」

我是真的沒錢。但我也不擔心我身上沒有錢。

考克斯說：「我知道、我知道。我們玩很小，所以還是

要玩錢，但我們輸贏不大，五分錢一點就好。」

如果你不玩金羅美，就不會知道一點五分錢可是玩很大。五分錢一點，二十點一美元，一局一百點就五美元，所以你一場大概可以玩到十或十五美元。這可不是小錢啊。打到一百五十點頂多就是十盤、十五盤，有人二、三十分鐘就能做到，這表示一個小時就能輸贏三十美元。這算是大錢。

考克斯開始解釋規則，告訴我怎麼計分等等，然後他就開始發牌，我拿牌一瞧，全都可以組成一對、一對，就問：「學長，對不起，我忘了。要是沒牌可墊要怎麼辦？如果都組得起來呢？」他簡直快瘋了，說道：「蓋牌吧，菜鳥。好吧、好吧，你贏了。」他一點都不懷疑我其實會玩。

結果我們玩了十七個小時，等到他說「夠了！我不玩了！」時，我已經贏了六百一十二美元，這在 1962 年可是一筆大錢。當時的學費一學期才八十一美元，可見六百一十二美元真是不少。他當然也沒那麼多錢，所以先給我五十美元，其他就欠著。於是我在兄弟會的菜鳥鍛鍊期就再也不必擦皮鞋、倒垃圾。他會找其他菜鳥代勞，然後每雙鞋就抵二十五美分的欠款，其他學長叫我做點什麼時，我會說：「好啊，強尼，記下來。我要清垃圾筒，你看那值多少錢？兩塊錢嗎？」

「好的，沒問題，減兩塊錢。」垃圾總是有人去清，我就坐著跟考克斯玩金羅美就成。這又是一個苦幹實幹不如靠

腦袋做事的教訓。

不必做那些剛入會的雜事，讓我跟其他菜鳥顯得不太一樣，而且當時我做什麼都是手到擒來，也讓我覺得自己跟平常人有點不同。我在大一英文那一科按著比賽規則走，不是就過了嘛，然後又在不知不覺間打破兄弟會的規矩，但也順利加入了。我的確是有點不同。

## 很少上課

我開始覺得自己比其他人優秀一點。有一個學期，我一本書都沒買，連課都很少去上。早上十點鐘才起床，然後到學生會大樓的格里爾餐館（The Grille），那是大家課間休息都會去的地方。我會坐在那裡跟大家哈啦一下，玩玩傷心小棧（hearts，也是一種紙牌遊戲），跟女孩聊聊天、訂個約會，讀讀《肯塔基上校》（Kentucky Colonel）和學校報紙。

我們在格里爾找女孩也不是隨便玩玩，有些人還真的就碰上未來的終身伴侶。那方面我也打破了規則，但還是成功。認識蓓特時，我還定期跟兩個女孩約會，珊德拉和黛比。那時我才剛讀完史坦貝克（John Steinbeck）小說《煎餅坪》（Tortilla Flat），主角丹尼和他的朋友都是住在加州蒙特瑞（Monterey）附近山上的窮人。這本書的主題之一是說，有人會把所有的事情合理化。比方說，丹尼偷了某個朋友的

錢，還合理化說這其實是幫了朋友：「如果我不把朋友的錢拿走，他可能拿去買酒喝，喝醉後也許把房子都燒了。錢留在他身邊就太可怕啦。我身為他的朋友，應該幫他把錢偷走，讓他可以救自己一命。」

我很喜歡這本書，所以又買了三本，一本給蓓特、一本給珊德拉、一本給黛比。這真是個錯誤，大錯特錯。她們雖然都不是同一社團，卻常常跟幾個女孩一起到格里爾見面、吃午餐。有一天就那麼剛好，三個女孩都在那裡看那本該死的書：「哇，你讀的那本書很有趣！」「是啊，我男朋友送我的。」「真的喔？」「我也是。」「我也是耶！」「他是誰啊？」我一點都不知道，如果你要同時跟幾個女生交往的話，不能都使用同一種手法。為什麼呢？因為女孩子們會互相說來說去，要是她們發現你對待她們都一樣的話，就覺得自己沒什麼特別，馬上就會不再理你。不過我很幸運，蓓特還是理我。

我那時候就是這麼厲害，就算是用「錯誤」的方法做事情，最後還是成功。我在兄弟會的第一個室友叫吉姆·迪倫（Jim Dillon），他也蹺了很多課，不過他被刷掉了。跟我鬼混的幾乎都被刷掉了。海夏被刷掉、迪倫被刷掉、德肯也被刷掉，但只有我過關。這正好印證我的想法，我就是跟別人不一樣，就是比別人厲害一點。有幾個人想跟迪倫和我住在一起，不過誰也受不了我們，他們無法和我們同住，因為

我們根本不去上課。我們晚上就是熬夜喝啤酒、聊天，晚上十一點送女伴回家後，就回自己房間喝酒、打屁到半夜。熬夜到半夜三點，隔天早上八點的課當然起不來，所以我們不常去上課。

你不去上課，老師可不太高興。要是你一直都不去，遲早要碰上麻煩。我住在兄弟會所第一學期的成績單，就把肯大所有的評分等級都拿到了：A、B、C、D、E（肯大的E就是指F，不及格）、W（退選）、I（沒修完）。我一次拿齊。

儘管我很少去上經濟學，我還是得了個「A」。因為那些我都懂。教授說到邊際消費偏好時，我對自己說：「明白了，這是一種概念，我懂。」我可以看著那些供給和需求曲線，說：「好，沒錯，這個我會。這很有道理。好，如果把供給移到這裡……然後，價格就會下跌……好，我明白了。」其實我連經濟學的課本都沒有，我只是在期末考的前一天晚上借一本過來，然後自己坐著讀完一整本，就去考試，而且考了個「A」。因為我都會啊。我還記得，我邊考試邊想：「嗯，這一題……說的是邊際……我看過……對，那張圖很像……是在那一頁的左邊……應該是在250頁附近吧，那一頁說了什麼呢？」我記得它在哪一頁，看起來像什麼，書上又是怎麼寫的，然後我就照著記憶把它寫出來。這不是說我的記憶力像照相機一樣，但對經濟學我就是很行。那位教授很火大，因為我明明很少去上課，考試又總是拿到「A」。

這讓他很生氣。雖然我不是很認真，但在學校的表現還是不錯。

　　歷史科目我拿到「B」，其他的「C」、「D」、「E」我已經忘了是什麼，「W」是哲學。「W」是指後來退選所以沒有成績，這樣也很好，就不會不及格了。這就等於你一開始就沒選修這個科目。天曉得我怎麼會選修哲學，我根本就討厭哲學啊！對我來說，這一點意義也沒有，這種飄飄渺渺，抓不住的東西，什麼「我思故我在」，誰在乎呢？對我來說跟棒球一樣，一點都不實際。所以我退選哲學科目，一點都不猶豫。

## 未來（期貨）的一瞥

　　「I」是我未修畢科目，統計學。雖然我喜歡那位教授，克里斯汀博士（Dr. Christian），但我不喜歡統計學，實在是太難了。有一天克里斯汀博士打電話來：「有個朋友來找我，你該見見他。我想你會喜歡他的工作，你很適合玩那個遊戲。」他那位老朋友是賀拉斯・「傑克」・沙門（Horace "Jack" Salmon），也是肯大畢業生，當時是肯塔基州路易斯維耳某期貨專業經紀商的業務經理。

　　針對他說的，我其實沒什麼興趣。我甚至連期貨跟過去分詞有什麼區別都不知！不過我一向尊敬的克里斯汀博士認為：「也許我真的會喜歡傑克・沙門的工作也說不定？」所

以我就去克里斯汀博士的辦公室，跟沙門見面。那時候傑克已經坐在裡頭，說什麼黃豆價格的漲跌、天氣、日本、作物面積、產量和市場的起起落落，又說輸贏有多麼大。就是那個輸贏很大挑起我的注意。

「做這個會賺錢啊？」

「可以賺很多錢喔！」

哇！這就是我想做的，賺很多錢！人家問我畢業後要幹嘛，我都說：「賺很多錢。」「喔，不過你要做什麼呢？」「我要從商啊。」其實我不知道要幹嘛，也從來沒想過要做什麼。做什麼都不打緊，重要的是可以賺多少。

### 離開學校

1965 年 8 月我總算畢業。是啊，8 月才畢業，因為大一會計的下學期我拖到暑修才搞定。我就是討厭會計啊！我覺得會計只是在「尋找消失的五分錢」的狗屁。我的看法是：「誰管什麼五分錢在哪兒？花錢僱別人去找吧。不然就我給你五分錢好啦，更簡單。就是甭再叫我去找什麼失蹤的五分錢！」1965 年 8 月東南亞戰火持續延燒，而我早在越戰開打後的 1961 年，也就是我大一時，就簽下預備軍官役（ROTC），那時候想，萬一越戰擴大的話，去當個軍官比當小兵好。我試過當小兵，我不喜歡，當軍官比較好。軍官就像是鄉村俱樂部的會員，而小兵只是背球袋的桿弟。寧可

發號施令叫小兵去擺迫擊砲，也不想自己去搬迫擊砲，所以我簽了空軍的預官役。後來有個朋友告訴我，大學畢業生有資格可以進入軍官培訓學校（OCS），只要去軍官培訓學校混六個月就行，那我幹嘛還簽預官役去當四年米老鼠啊？所以我馬上就退出預官役。但這是失算，莫大的失算啊。誠然軍官培訓學校只需六個月，但在此之前還要先接受四個月的嚴格訓練。跟這十個月相比，預官役簡直是去野餐。

畢業後，我應徵了幾家公司，都找不到工作。因為我是「1-A」身分，根本沒人想要用我（「1-A」是徵兵處的分類，表示隨時可能入伍）。顯然我唯一的工作機會就是去報效國家。這我也沒什麼好抱怨的，我既不是扁平足，兩眼視力都是二‧〇，而且還沒結婚。況且徵兵令正全力發動，可說是人人有獎。只要你是「1-A」，遲早都要入伍，除非你神通廣大。

既然找不到什麼像樣的工作，我只好先搬回老家跟爸媽窩在一起，在進入軍官培訓學校之前先打打零工。我跑到白馬餐廳（White Horse），算是一家相當高檔的晚宴俱樂部，高中時曾在那兒打過工。我向老闆毛遂自薦，這對過去只是個跑堂小弟的我來說可說是厚臉皮，但我根本不知道不該如此。我對老闆說：「我的問題是，我遲早得入伍當兵，在還沒入伍前我想要有份工作。不過我不想當跑堂小弟，我二十二歲了，而且也是個大學畢業生，所以不想端菜。我想

我可以當個調酒師。」讓我驚喜的是，他回說：「好。」

我敢跟各位保證，美國裡頭還有另一個白天睡覺的社會。這個社會是由「夜貓子」組成的，就是餐廳小弟、女服務生等等，那些所有餐飲、娛樂業的服務人員，他們不是生活在白天，而是晚上。在夜貓子的社會中，酒保的地位非常高，就好比白天時的醫生、律師一樣。一家夜間餐廳裡頭，跟其他夜貓子相比，正牌調酒師可是高高在上。而在夜貓子社會中，像紐約華爾道夫亞士都大飯店（Waldorf-Astoria）的首席調酒師就算是個大人物。所有的男、女服務生、跑堂小弟都會覺得他超酷的。唯一比他還酷的大概就是餐廳領班而已。所以，你如果是餐館的二號酒保，就離頂端不遠囉，就像是夜貓子裡頭的查理・羅伯奇。我以二十二歲的高齡，突然在夜貓子社會中占居高位。有些芳齡三十的女服務生對我挺有意思的，不過她們發現我還在等著當兵上戰場，無不驚呼：「喔喔喔。」

## 你現在已加入陸軍

但在等待入伍令的同時，我想進軍官培訓學校卻有個問題。什麼問題呢？我有兩次行為失檢的輕罪紀錄，兩個都是在佛羅里達州度春假時發生的。一次是我在德通海灘升營火時，拿飯店的木製躺椅當柴燒（當時覺得這個主意還不錯啊）；另一次則是在羅德岱堡打破戶外展示櫃，想把裡頭的

旗魚標本偷偷帶回兄弟會（我根本想不起來當時是否認為這是個好主意）。

在申請軍官培訓學校時，申請表上有一欄問：「你曾經遭到逮捕嗎？」我不得不回答：「有。」為了要進軍官培訓學校，我只好去趟華盛頓。我爸爸認識一位聯邦法官，而蓓特老爸最好的朋友恰好是田納西州的國會議員，所以我就去華盛頓，拜見法官和國會議員。聯邦法官對申請案有幫助，不過最後幫我搞定的是國會議員。這次我學到打個電話很有用。你能找到正確的人，就能把事情搞定。他對我說：「你確定不想進海軍？海軍欠我很多人情。要把你喬進海軍很簡單。」（但關鍵是：大學畢業生進軍官培訓學校，授階後陸軍只須服役兩年，海軍三年，空軍則要四年。我當然是愈早退伍愈好）我說：「不，先生，我想進陸軍。」於是國會議員一通電話打到陸軍去，我就進陸軍的軍官培訓學校囉。這就是我說的打電話很有用。

入伍生基本訓練和軍官培訓，很像是兄弟會整菜鳥的遊戲。他們故意要求你在不可能的時限之內完成某些事情，看你在壓力之下的表現如何。遊戲是這麼玩的：「我們把這傢伙逼到忍無可忍，看他會怎樣。」就好比是利用大一英文來刷掉學生。你要是不曉得這只是一場遊戲，而且不知道怎麼玩，那你就難過了。這場遊戲的目標，就是盡可能在最短時間之內刷掉愈多的人愈好。要是把這件事看得太認真，那麼

訓練過程的壓力就很大。但要是你能把它想成：「這只是一場遊戲，這些小丑就是想把我搞瘋而已。」事情就不難啦。對此我沒什麼問題。體能的要求雖然很高，但心理上算是還好。我知道這是個遊戲，我了解規則，也知道他們為什麼要這麼搞。

培訓班上成績前 20％會被留在馬里蘭州的阿伯丁試驗場（Aberdeen Proving Ground），擔任軍官培訓計畫的教官。擔任教官是學習當眾演講的好方法，因為你面前總會有一群軍官入伍生，而且階級比你低。至於你的所做所為，都不必擔心他們會不高興。你是少尉，他們是入伍生，全歸你管，誰要是敢搗蛋，就斃了他！從那時候開始，我就對五十人甚至更多人演講超過百次了。我挺喜歡這種經驗。

從軍官培訓學校結業又留下來擔任教官後，還必須去軍事專門學校（Military Occupational Specialty；MOS）受訓。開訓首日，有個將軍來介紹課程，說是結訓時會根據這項、那項的學科標準，挑選成績最佳者頒授榮譽結業生的頭銜。

那天晚上我回家對蓓特說（那時候我們已經結婚了）：「就是這個！我這輩子聽夠那些狗屁，說什麼我沒做到該做的，說我沒有發揮潛力。好吧！我告訴你我要幹嘛。我要當那個該死的榮譽結業生，我就是那個人！我一定要做到。不管什麼代價，我都要做到。」課程結束，我還真的成為榮譽結業生。簡直不敢相信！我做到了，而且還不困難！我只是

搞清楚遊戲規則，然後照著走。

　　當然，我接受陸軍提議，在阿伯丁擔任教官。這個工作太好了！同僚也都認為我是個很好的教官。對此我也駕輕就熟，當教官，講授內容都一樣，但他們會換不同的人來聽，這不是很簡單嘛。有很多事情我不會，比方說數學、統計學，不過上帝在分發才能時，一定是說：「就讓這傢伙很會講話吧！」

　　我是阿伯丁第一個當上總教官的少尉，這對我來說，也不過就是另一場遊戲。你當然要做一堆雜事，我也照做，而且不難。別的總教官至少是上尉，大多是少校或中校，只有我還是個少尉，階級最低的。

　　不管是總教官頭銜、軍官培訓或軍事學校榮譽結業生，我都用同樣的態度面對：「這是一場遊戲。規則是他們訂的，我要了解規則，然後照著走就會贏。沒什麼大不了的。一點都不困難。」有些事情會讓人覺得很火大，但也不是針對我。沒什麼針對個人的。他們訂下那些規則時，根本也不知道我會來啊，所以跟個人無關。你可以好好地玩弄制度，不然就等著讓制度玩弄你。隨你挑一個。當然我喜歡玩弄制度，因為這樣才有趣，贏得也才多。要是讓制度玩你，那你可能會很洩氣、很容易被打敗。

　　十三個月後，我接到命令轉赴南韓，從此我的軍事紀錄也開始累積。因為我曾先後擔任教官和總教官的榮譽，所以

我獲得了一個勳章。軍隊對這種功績是非常注重的，因此我晉升中尉。他們叫我當營部的人事參謀官，主管人事。我是韓國漢弗萊營區的參一，處理的都是文書工作，什麼都得我簽名。我恨死文書工作，不過還是得做，而且也比前任多花了一點心思來處理其他事情，我想出許多新點子和做事的新方法，很快我又被注意到了，隱姓埋名真不是我擅長的事。

有一天，我接到旅部參謀主任（營區二號頭目）的電話，說要找我過去吃午飯。我馬上跟直屬長官報告，取得許可（軍隊裡頭最注重這種指揮系統的關係），才去旅部跟參謀主任吃飯。結果他叫我去當參三，也就是旅部的作戰官。這個位置等於是整個旅的三號頭目。一個旅最大的是旅長，第二是參謀主任，再來就是旅部作戰官。

從營部文書官到旅部作戰官大概差了五級，這傢伙讓我連升五級。旅部作戰官通常是中校，而我只是個中尉！按一般程序，我要先升上尉、少校、中校，然後才有資格擔任這個職務。結果我就以二十三歲的年齡榮膺旅部作戰官。我對參三業務的理解，差不多跟我對冰上曲棍球哈特福特捕鯨隊的守門員差不了多少，根本不曉得該做些什麼，好比是六呎三寸的身高走進十呎深的水中，自不量力！

這個旅的任務之一是負責駐韓第八集團的核子武器儲存。我手邊的資料，這個是最高機密、那個也是最高機密。「天啊！小生芳齡才二十三！他們都瘋了嗎？我不想負這個

責任。這真是太可怕了。我威鎮四方的唯一成就也不過就是阿伯丁的總教官啊，而且那很簡單好嗎！兩年前小的還在德通海灘燒旅館躺椅升營火，現在屁股下就坐著第三次世界大戰！我好緊張啊！」核子武器的事情應該交給別人嘛。

越戰在 1960 年代增溫不少，因此韓國情勢稍稍退居幕後，直到普韋布洛（Pueblo）事件發生。1968 年北韓在國際海域扣押美國間諜船普韋布洛號。要是知道普韋布洛事件中我身居何職，包準全世界都嚇壞了。

軍中經驗讓我對錢的信念更為加強，不管你做什麼，錢最大，不過在軍隊裡頭並不是這樣，你的職務比錢還重要。我以中尉的階級擔任中校職缺的作戰官，但還是拿中尉的薪水。因此能夠回到錢最大的現實世界，我真是太高興了。我媽已經先幫我打點好，我退伍後就到辛辛那提的賽維爾大學（Xavier University）試讀，主修企管碩士課程。「試讀」是因為我大學部的畢業成績平均積點只有二‧二。這時候蓓特跟我都搬到辛辛那提，住在公寓裡頭，她開始教書工作，我又回到學校進修。

軍中的經驗，尤其證明了自己是榮譽結業生後，我這次再回到學校也想好好表現一下，我下定決心要拿「A」，不拿「C」。幸虧這次選修的科目對我也不難，行銷、經濟我駕輕就熟，也沒有統計、數學這些科目。我不喜歡數學，當然我跟大家一樣會算術，但算術和數學可是差很大的。我不

喜歡數學公式。你叫我算什麼 X 跟 Y，我會說：「找別人去算。」

我平安通過第一學期的課程，同班同學大多是奇異公司（General Electric）的工程師，他們重返學校攻讀企管碩士學位。奇異公司在辛辛那提附近伊文岱爾（Evandale）有一家很大的工廠，那些傢伙大多是化學或電機工程師，腰帶上掛著計算尺（那可是連掌上型計算機都沒有的黑暗時代啊），不過大多數卻連「marketing」（行銷）、「economics」（經濟學）都拼不出來。

我們要選修一門叫「商業計量方法」的課程，這是數學。上課第一天那個怪胎老師（完全就是數學老師的樣子，陰沉、枯燥，腰上掛著兩副計算尺）就說：「想通過這門課，你得會算微積分。」糟糕！我不會算微積分，連它的名字該怎麼拼都不會，但我一定要修這門課才能畢業。我上了幾堂課，發現什麼也不懂。而那些在別的課程中任我嘲笑的怪胎們，表現得可好了，都知道老師在教什麼。大家都有小計算尺，為了答案的小數點後第三位展開熱烈討論，而我連怎麼操作那玩意兒都不懂。我辛辛苦苦讀了兩天去參加第一次考試，結果只得到三十八分，不只是全班最低，而且還低很多。

於是我打電話給高中一位哥兒們，他以前在聖母大學主修數學：「雷夫，我需要一位老師，我現在慘到透頂。我可以付錢給你，但我一定要通過這門課，我不知道該怎麼辦，

我希望誰可以告訴我，教我這些東西。」他答應幫忙。這次的遊戲是：我不管自己懂不懂，他就是要教我，讓我能夠通過考試。我拚了老命，雖然還是不懂，但終究拿到了一個「C」。

重點是，在經濟學、行銷學方面的課程，我嘲笑那些傢伙不配幫我提鞋，等到數學課，我也不配幫他們提鞋。這讓我領悟到，人各有才，有些事情你很行，但有些事就是做不來。不過不必為那些你做不來的事情煩心，要是你搞不定，花錢找人處理就好了，沒什麼好擔心的。

### 腦內觀察家與蝴蝶

我的偉大計畫是「從商」、「賺大錢」，股票經紀人似乎就非常合適。其實這也不過就是正正經經的業務工作，但要是做得好，的確可以賺很多，於是我決定先去認識一些大老闆，好為拿到企管碩士之後鋪路。我開始拜訪辛辛那提「大街」上所有證券商，貝奇（Bache）、杜邦（DuPont）、宏恩布洛（Hornblower），還有一些現在已經收攤的。我在找能跟學校時間配合的兼職工作，計畫是這樣：「我可以從上午十點到下午三點打工，什麼都做，也不計較報酬，如果有的話。不過等我讀完研究所，我會加入貴公司培訓計畫，朝著合格經紀人前進。」可是大型券商大多跟我搭不上，他們只想找全職人員，只有一家大型經紀商例外。

　　1968 年的這一天，我走進這家號子可說正逢其時，因為某個交易量數一數二的經紀人的助理剛好離職，這位經紀人主要是做期貨，一年的佣金收入大概是三十到五十萬美元。在 1968 年這位可是超級強棒！

　　人事經理的祕書說：「你要先跟人事經理費茲傑羅先生談一談。」我就去找賴瑞・費茲傑羅（Larry Fitzgerald），他說：「關於大宗商品，你知道些什麼？」我什麼也不知道啊，不過我想起以前跟傑克・沙門和克里斯汀博士見面時聽過的幾句行話。我就說：「我對期貨一向很有興趣，特別是黃豆……黃豆粉……還有黃豆油，我想搞清楚天氣因素對黃豆有什麼影響。」其實這些也都是從沙門的談話中聽來的。費茲傑羅說：「好，你錄取了，如果科恩同意用你的話。我們現在就去找艾德・科恩（Ed Cohan）。」科恩就是那個買賣超大的期貨經紀人，費茲傑羅跟他說要聘用我，經過簡短面試後，科恩說：「沒問題，你錄取了。」

　　離開辦公室時，費茲傑羅的祕書又說，明天還得再來一趟，要填申請表和接受測驗。「測驗？什麼測驗？」我問。她說是明尼蘇達性向測驗（Minnesota Study of Values Test；MSV Test）。她剛剛說我還得再玩個遊戲，可是那個遊戲我聽都沒聽過。這是要測驗什麼我根本不曉得，所以我得先研究一下。

　　我直奔書店，找到一本《腦內觀察家》（The Brain Watchers）

的書，裡頭有三章討論明尼蘇達性向測驗，我立馬買下，當晚在家就拜讀了，希望在明天測驗前先有所準備。明尼蘇達性向測驗的題目會有五個選項讓你排序，依照你個人評估的重要性，這五個選項是：金錢、政治、美學、宗教和社會意義。比方說，有一題我記得是問說：

你觀賞達文西名畫《最後的晚餐》，會有什麼感覺？請為下列陳述排出重要順序；「1」為最重要，「5」為最不重要。

- 此一事件的社會影響；
- 這幅畫的美；
- 這幅畫的價值；
- 這幅畫的政治影響；
- 這幅畫的宗教關聯。

那麼，根據你要應徵的工作，這個排序應該也會有正確和錯誤的區別。如果你想當證券經紀人，上面那一題的排序應當是「金錢」排最高，然後是政治、社會意義、美學，最後才是宗教。要是你想當教區牧師，一定是以宗教為最優先，然後才是社會影響等等，金錢一定是最後一個。只要你搞懂他們的遊戲怎麼玩，測驗也就不難了。其實非常簡單，你很快就能看出各項陳述代表的意義，然後揣摩上意，以老闆希望的來排序。

隔天我就去接受測驗，每一題都給它 1、2、3、4、5，

金錢、政治、社會意義、美學和宗教的答案。我故意每一題都這麼答，讓它看起來很完美。不過這可說是小小的失算，我其實應該稍稍把次序弄亂一、兩次。我的測驗可說是完美至極，毫無錯誤。這個測驗評分後會變成一幅呈現某種形態的分布圖，比方說如果是適合擔任證券經紀人，這圖就會像隻蝴蝶。沒錯，我的圖就是一隻非常完美的蝴蝶。不過費茲傑羅根本不在乎這個測驗，他反正都會用我，除非我真的把測驗搞砸了。不過他也說：「你的測驗成績真的很棒，我從沒見過這麼好的。」我說我可是練過才來的。「你不可能搞懂那個測驗的啦。」

「唔，其實可以，你只是不做而已。」我說。第二天我就開始上班，擔任科恩的助理。

1968 年的股市行情熱呼呼，股票直線上攻，一切看來都很美好，公司裡頭的每一個人都在賺錢，但行情突然停止，股價開始下滑。這時候，公司只剩艾德·科恩還在賺錢，只有他還在做買賣，其他人則忙著打電話找客人。我對自己說：「我也想去做期貨，我喜歡這個點子，不必只靠多頭市場，空頭行情也能賺錢。」不管你在證券方面的經紀業務能力有多強，大盤一旦下跌，你就麻煩了，這時候你得要採取守勢，不可能衝出太多業務。

1969 年 9 月，我完成企管碩士課程，事先跟券商約定的培訓計畫開動，我到紐約接受三個月的經紀訓練。開訓前

一個月我就先到紐約，趁空檔跟期貨部門的大哥們博感情。我想知道他們做什麼、怎麼做、理由何在，哪些作為有效、哪些是白費力氣。此時的我可說是在快車道上，因為我已經擔任艾德・科恩的助理一年，紐約期貨部的人都曉得我是誰，而且我就是那隻性向測驗超完美的蝴蝶。

對此我再次覺得自己比平常人更優秀。我比其他學員「更平等」，因為期貨部門的人我幾乎都認識，而且我還是科恩的助理。等到訓練真正開始以後，我竟然又負責期貨部分的講授。那些教官都是紐約出身，也只懂得怎麼考試，但他們對於期貨其實不是那麼通透，因為主要的期貨交易所都在芝加哥。他們很快就發現我比較懂那些事情，因此讓我擔任助理教官。他們要是碰到大宗商品方面的問題，就會來找我。要是我也不曉得答案，至少我可以問科恩。所以囉，我這個（打）電話點金術又派上用場了。

有人對期貨部的某人說我在訓練教學上的幫助很大，於是我接到湯姆・歐哈爾（Tom O'Hare）的電話，他是公司搞避稅組合（tax-straddle）的高手。他的生意做得可大了，一年兩、三百萬美元，都是證券經紀人轉過來的買賣。比方說某個經紀人會打電話問他：「我有個客戶今年賺了兩億五千萬，你能讓他少繳點稅嗎？」湯姆會說：「好啊，你想玩多大？他願意承擔多大風險？」湯姆・歐哈爾在這方面堪稱大師級。

　　湯姆打電話給我，叫我去他的辦公室。我到了那裡，客套幾句之後，他拿出我的檔案夾，說：「膽敢畫隻完美蝴蝶，到底是何方神聖。我真是久仰大名啊。」

　　「抱歉，先生，我不懂你的意思？」

　　「不就是你嘛！沒人畫得出完美蝴蝶的，要嘛是你沒聽懂我的意思。」

　　「喔，我讀了一本書……」

　　「那本書該不會叫《腦內觀察家》吧？」

　　「啊，我想一想，我記得……對，我想就是那個名字……它對測驗幫助很大。」

　　他說：「好吧。那麼你覺得，要是沒先看過那本書的話，你也能畫出那隻蝴蝶嗎？」

　　「說真的，應該也會很接近。就算我不知道那個遊戲，也不會差太遠。」（我一直想成為鄉村俱樂部的一員，記得吧？而且我早就相信錢最大。）

　　「好。我先說明一下我的工作。」

　　接著歐哈爾說明他怎麼做避稅組合。要是有客戶願意拿錢出來做點避稅操作，公司裡頭的人都會介紹給他。歐哈爾需要一個助理，「公司要我找個助理，我希望有人可以學會我的操作，知道我在做什麼，可以協助我。如此一來，我們可以搞得更大。我看了你的測驗成績，當然我們都曉得那只是狗屁，但我還是肯定你的努力。我已經跟你的老闆艾德·

科恩談過，他說你是個優秀的年輕人。我要你過來幫我，每年付你二萬三千美元。」

要是不接受的話，我也只能回去辛辛那提，在科恩底下當個經紀人，基本上也還是他的助理。不過這也不錯。他已經五十二歲了，他有一大本的客戶資料，他不會永遠不退休啊，誰去當他的助理，以後就會繼承那本客戶資料，賺很多錢。況且在辛辛那提，我一年大概能賺一萬五到一萬八千美元，這還沒算上我自己找的客戶（一年業績十萬美元，大概可以分到二萬五千美元，在 1968 年的當時可是筆大錢）。現在這傢伙居然說只給我兩萬三。

我說：「歐哈爾先生，你叫我來跟你談，我真是受寵若驚。我想，能跟你一起工作，那一定是超級棒，不過我恐怕沒辦法接受這份工作。」

我很快就明白，這位仁兄不是那種很常被拒絕的人，尤其是被一個不知天高地厚的二十四歲年輕小伙子拒絕。

「為什麼不能接受這份工作？」

「啊，這跟數字有關係，我不想待在紐約，我太太也不想。但要我搬來也可以。要是數字對的話，叫我去阿富汗的喀布爾開家旅行社都成。我的新婚妻子，她肚裡正懷著我們的第一個孩子，她說不想搬來紐約。所以還有得商量，不過要商量的話就需要一點補償。坦白地說，兩萬三千美元補償不了。」

「你的意思是？你在辛辛那提的第一年能賺多少啊？」

「嗯，我只要做到十萬美元的業績，至少能賺兩萬五。而且我第一年要是做到十萬美元，賴瑞‧費茲傑羅也會分紅給我。所以我大概可以賺到兩萬六或兩萬七千美元。所以我怎麼會想來紐約拿兩萬三呢？要是我覺得勝算……」

「且慢！你第一年就能做到十萬嗎？」

「對啊，我想可以。」

「但你不也是要幫科恩工作嗎？」

「是的，先生，不然他忙不過來啊。他的客戶一大堆，我就接他吃不下的嘛。我要是有空的話，大概還能從那裡頭做出十五萬美元的業績。」

「那好吧，我給你兩萬七。」

「三萬。」

「滾吧！你。」

「我有點超過了嗎？」

「是啊，稍微過分了。請滾吧。」

「歐哈爾先生，很高興跟你見面，我也希望沒惹你不快。我們明年再談，到時候看是你對還是我對。我不會忘記這事，也請你不要忘了。我誠心誠意地說，你邀請我過來，願意給我一份工作，我感到非常榮幸。」

結果我第一年就做成十六萬二千美元的業績，這可是公司有史以來業績最高的菜鳥啊。我打電話給歐哈爾：「我今

天正式邁進第二年囉。你去查查電腦，會發現我做了十六萬二千美元，所以對的是我，沒錯吧，是我，而且費茲傑羅又給我一點紅利，十六萬二千美元我可以分到 26.7%，所以我在辛辛那提拿到四萬三，比紐約的兩萬七好得多啊。你想重開談判嗎？我現在開價五萬美元。」他笑著說：「我已經找到人了，他不像你那麼放肆大膽，只要兩萬八就行。」

# 第三章　木材交易

　　我幫科恩工作的一年後，公司決定設立區域交易單位。總公司說我們如果要在這個地區做期貨生意，就得搬去克里夫蘭。他們說了我就信，但這真是個失策！我應該留在艾德‧科恩身邊的，不幸的是他也沒叫我留下來，等到我知道可以不必走的時候為時已晚。大家都知道科恩在公司是重量級的金童，他想要幹嘛都行，要是他對公司高層說要留下我，我就不必外放。他是個大好人，就是不太積極。他沒說：「吉姆，你不必走。你可以留下來和我一起工作。」所以我以為我得去克里夫蘭。

　　我受邀去區域交易單位面試一份工作，考慮到我年僅二十四而且只有一年工作經驗，這實在是受寵若驚。他們在克里夫蘭留了個位置給我，而我也相當期待，那邊的證券經紀人會把所有的期貨生意轉交給包括我在內的三位期貨經紀人，由我們三人平分佣金。1970 年 5 月我搬到克里夫蘭，第一年就做得有聲有色，大部分都是木材生意。我在木材業界開發了很多客戶，做成許多交易。後來我們的三人期貨小組逐漸擴大為五人，而且我們五個人的業績比證券組一百一十二人全部加起來還多！

　　認識科恩、在紐約當教官，而且破了公司新進人員的業績紀錄時，我對自己是充滿了自信，也一直認為自己就是鶴

立雞群，與眾不同，整家公司的經紀人沒有一個比得上我，確信規則可玩弄於股掌之間，讓我開始幹些蠢事，當然也還不到違法的程度，只是有點超越時代以及稍微違反公司政策而已。有個客戶有一套交易系統，他希望找點資金來代客操作。他提議由我籌資三萬美元交給他操盤，他不收手續費，帳戶盈虧都跟客戶平分。這種代客操盤的作法在現代可是舉目皆有，而且條件對客戶更加不利，不但交易要收手續費，而且操盤手也絕對不會跟你一起分擔虧損。

所以，我就真的找客戶籌集資金，跟那些客戶說我們準備要怎麼做，而他們都同意我所提出的條件，雙方也簽下合約。這個代客操盤甚至也取得州政府證券主管機構的核可，登記為有限合夥事業，但我是以個人名義來開戶，這其實是與事實不符。

結果，那傢伙一開始是賺了些錢，後來就開始賠。等到他賠掉兩萬美元，我開始坐立難安了，我說：「好吧，沒什麼大不了的，但你也要賠一半，一萬美元。」他開了張支票，當然就跳票啦。公司的營業部經理也注意到這件事。總而言之，這個交易員不但賠掉原有的三萬，又虧空欠了公司兩萬美元。不知道是賠不起還是不賠那兩萬，結果是我被炒魷魚。我因為「嚴重違反公司規定」而被解僱，這對紐約證券交易所而言，可是十分犯忌的大事。消息傳開後，我到哪兒都找不到工作。沒多久那個客戶就還錢補足公司虧空，但

對我來說已經太遲了。

於是我打電話給我的朋友傑克‧沙門，他還在我大學認識他時的那家地區經紀商，但已經貴為總裁。那時我已經失業三個月，還是很不想進地區經紀商，不過總得做點什麼才行，況且我還是有許多客戶可以說動。「我還是可以做木材，你知道哪兒可以讓我做買賣嗎？」我問。

「來幫我們嘛，」他說：「我們克里夫蘭的辦公室可以讓你大顯身手。我可以跟你五五拆帳，而且那邊所有業績再讓你抽5％。」我以前那個老闆只分我25％，如果我能繼續做交易的話，這個條件可說是非常好。有時候，你認識正確的人、身處正確的位置、把握住正確時機，馬上就能倒轉乾坤，有道是天時、地利、人和啊。於是我去幫沙門工作，加入那個只有四個人的克里夫蘭辦公室。我的客戶也陸續跟過來，因此生意很快就恢復正常。

從1973年1月到1976年7月之間，我賺了不少錢。1971年尼克森宣布廢除金本位以後，大宗商品市場個個熱呼呼，到了1973、74年糧食市場更是一陣狂飆。我的客戶賺很多，我也賺很多。我不但買了房子，還買了一輛跑車，去參加經理會議時，業績排行可是豔冠群芳兼睥睨群雄。我再次感受到自己點石成金的能耐，簡直是無往不利。雖然不奢望狀況還會更好，但運勢就是擋不住。

## 芝加哥，我來了！

我想要成為交易所會員，但只想交易木材，不想跟正規會員一樣為其他商品的交易權利多花錢。1976 年，芝加哥商品交易所就提供這種會員資格。當時芝加哥商交所董事長李奧‧梅拉美德為了籌錢蓋大樓，又不想讓成員太過膨脹而稀釋了正式會員的權益，就想出一條妙計，新設一種叫做「非畜牧商品會員」（Non-Livestock Membership；NLM），只能交易木材和雞蛋，非畜牧會員資格只要兩萬美元，而芝加哥商品交易所和芝加哥期貨交易所（Chicago Board of Trade）的正規會員資格都需十二萬五千到十五萬美元。

我打電話給傑克‧沙門，嚷道：「機會來啦！我要去芝加哥。反正克里夫蘭這邊除了我之外也沒別人，所以我們這裡清一清，到芝加哥去好了。」於是我買了那個會員資格，在 1976 年 6 月搬到芝加哥。

順利轉戰芝加哥，我得為這個新工作增添行頭，顯顯氣派。我以前在兄弟會有個老夥伴吉米‧蕭華特（Jimmy Showalter），他在肯塔基州的萊星頓開了家男裝店，裡頭有些好衣服，像是希奇‧傅立曼（Hickey Freeman）之類的，雖然不是亞曼尼（Armani），檔次也非常高。我打電話問他星期天能不能登門拜訪，我想趁他店休的這一天好好為自己挑點衣服。「喔，咱們現在是在談多大的事呢？吉姆。」我

聽得出來他不是很樂意在星期天光為我一個人開張。「我說的是花筆大錢買些新衣服，大概就八千到一萬美元吧。」這下子要吉米星期天為我開張也不成問題，於是我就搭機飛往萊星頓購置新裝。

取得交易所會員資格後，要選定自己的代號，這個代號屆時會印在自己的標章上，做為交易場上的身分識別。最好是找個響亮名號，大家才會常常跟你交易。有些人就用自己姓名的縮寫字母、暱稱，或其他一些醒目名號，以好認、好記為佳。我嘛，我總是在尋找於己有利的條件，所以就挑了「幸運」（LUCK）做為代號。跟什麼光鮮亮麗、誠實善良相比，我寧可要幸運。我想，稱呼自己幸運應該也會招福納財，況且這也好記。大家都會知道那個「好運」是誰，必定是個好認又朗朗上口的標章。

## 摸熟交易大廳

我很快就發現，木材交易場上最厲害的交易員叫史都‧金寶（Stu Gimble），他可說是技壓全場，獨樹一格。就像過去在鄉村俱樂部時我總是向大哥靠攏一樣，我想好好認識一下這位金寶，所以，儘管不知道有什麼好方法（就像我在兄弟會的菜鳥鍛鍊期一樣），有一天我就直接走過去，對他說：「史都，我可以跟你一起吃個午餐嗎？」

「我不吃午餐。」

「那，我能請你吃晚餐嗎？或者我們一起去喝一杯？不管你怎麼想，我只是想跟你聊個天。你是交易場上最棒的交易員，我一定要好好跟你聊一聊。」

「那好吧，我們就吃午餐吧。」

我結識史都·金寶以後，又設法跟交易大廳中的另一號人物，喬·西格爾（Joe Siegel）搭上線，再次讓自己跟大夥頂不相同。喬平常大多在豬腩和木材交易場跑來跑去，我跟他們兩人都學到很多，直到現在，我都認為金寶是我僅見機械式交易法中最厲害的交易員。

## 飆速人生

由於新設非畜牧商品會員，芝加哥商品交易所決定在董事會中增加兩位董事，從非畜會員中選出。提名委員會從非畜會員中挑選四人以競逐兩個席位，他們也找上我，問我有沒有意願參加競選。我猜是這一身打扮讓他們以為我挺像回事，交易大廳的服裝規定是一定要穿上交易背心、打領帶，沒人穿牛仔褲和運動鞋。別人都穿著卡其或燈芯絨的褲子，只有我穿著六百美元的三件式西裝走來走去，當然我還是再套上交易背心，而且領帶還是五十美元一條呢！我平常上班就很注重穿著，到了交易大廳更是精心打扮。我就是覺得自己跟別人不一樣，因為我比較優秀啊。

競逐董事席位，可是一場耀眼的「比賽」，就跟大一英

文、軍中頭腦體操和明尼蘇達性向測驗一樣，我説：「當然！我很樂意成為候選人。」

現在我想一想，高中時要是有人叫你出來競選學生代表，你會怎麼做？你雖然嘴上説「好」，卻又低調地淡化處理，只怕落選了會覺得尷尬，所以我對自己説：「要是落選，無論是否曾經努力過，結果都相同，所以我們就拚這一次，全力衝刺。萬一還是沒選上，就算了，沒什麼大不了的。」

為了獲選我可是卯足全力，發表自己的「施政」理念，傑克·沙門跟我自己都親筆寫信固票、催票，但其他那幾位呢，沒人真的在競選，他們想的大概就是：「我怕輸，所以我不要競選。」在這種情況下，你要是積極努力地跑，勝利必定是排山倒海，因此在一百五十票中我囊括了一百二十一票。

到芝加哥才六個月，就當選芝加哥商品交易所的董事，當時我三十三歲，看起來像二十五，行為又像二十二，但我是董事會成員。選舉結束後，李奧·梅拉美德來找我，説我也要代表非畜會員，加入董事會中的執行委員會，因為我囊括了大多數的選票。後來我才發現，真正管理所有事務的是執委會。你要是看到十幾個人在開會，那都不是真的執委會。執委會是個真正做決策的小組，當時董事會中有十八位董事，但執委會成員只有六個。那時候我才剛當選董事，甚至不曉得還有個執委會，但突然間我就是執行委員了，真是

難以置信。當時我才到芝加哥六個月，但我力爭上游，穿著三件式西裝和八十美元一雙的鞋子，對市場瞭若指掌、且業界人脈通達，所以就這麼當選了。

經過一連串的機緣巧合，我彷彿也成了什麼期貨界的要角，突然就進入那個重要的小圈圈裡頭。幸運的是，打進這個圈子之後，做得也不壞，我按照規矩辦事，和交易所及整個業界都非常融洽，才剛到芝加哥不久就成為交易所主管，而且短短時間內就結交了兩位場內最好的交易員當朋友，這實在是令人非常振奮。我開始覺得自己應該也是「大戶」之一，我每天都會進交易大廳，雖然主要是幫客戶做交易，但也開始為自己的帳戶做買賣。那時候我一年大概賺二、三十萬美元吧，但大部分的錢都花掉了，我花錢亂買一些東西，有一半都不記得到底買了什麼，甚至連自己投資些什麼商品都不記得。四面八方我都得心應手，讓自我膨脹得不得了，我是董事、是執委會成員，而且也是金寶和西格爾的朋友。我是多麼與眾不同。我大學時加入兄弟會當菜鳥就不一樣，在軍中更是連跳五級，我就是比別人優秀一點。記得有一天早上我正要去上班，在大廳鏡子前拉正領帶，看著自己說：「天啊，這真是飆速人生。」我的生活真是棒透了！不可能再更上一層樓了吧。但好戲還在後頭。

## 登峰造極

當時公司還有一位交易員也從事木材交易，賴瑞·波德里克（Larry Broderick）做現貨木材，也在我公司的聖路易辦公室。我們兩人都跟波特萊奇（Potlatch）公司有往來，它是美國西北部造紙和木材業大廠。波特萊奇家族大概是諾亞方舟時代就開始做伐木業吧，幫他們操作交易的是一位叫湯姆·唐傑（Tom Tomjack）的先生。有一天唐傑打電話來說：「你在芝加哥忙你的事，波德里克在聖路易忙他的事，這真是蠢斃了！你們應該一起聯手。我們要不要聚一聚，吃個午餐、聊一聊？」

我們在西海岸餐廳吃午餐，他說：「兩位啊，你們要是聯手，就會是業界最好的經紀人。你們何不找出一種合作模式，甭再單打獨鬥了。」所以我們就合作。成為夥伴之後，我們的生意開始衝很快，因為這個合作模式的確很有效，賴瑞在現貨市場眼觀四面，我在交易大廳耳聽八方，一起幹得有聲有色。

每天走進木材場下大單，「這個買進五十口、那個賣出一百口！」下這麼大的單子，真的會讓你沖昏頭，因為場內其他人也不知道你這麼大手筆，到底是有客戶當靠山，或者你自己就是那座山。三番兩次之後，你用自己帳戶交易也會這麼大手筆。如果以交易量來看，我是場上最大的經紀人。賴瑞跟我在木材市場上都佔有相當大的份額，在每天大約

三、四千口的交易量中，我們兩個為客戶及自己下單達六至八百口。我身長六呎三，聲若洪鐘，一開口就是一百口的單子，也算是場上奇觀。

　　不只是我覺得自己很厲害，很多人也覺得我有一套。我認為自己與眾不同，比其他人優秀，彷彿擁有點石成金的魔法一般。我以為事實就是如此，但並不是。我壓根子沒想過，在自我感覺良好到不行的時候，其實也只是幸運罷了。比方說，當我派駐韓國，以少尉之階擔任作戰官，是因為我優秀或者只是因為幸運？是幸運。那時候大家都被派去越南，因此韓國那邊人才短缺。我去證券商應徵，剛好碰上科恩助理辭職，是我優秀還是幸運？是幸運。我到芝加哥六個月就成為董事和執委會成員，是優秀抑或幸運？是幸運。生命中這些成功經驗讓我自以為全知全能，絕不會犯錯，但大多數的成功其實只是因為幸運，而不是特別聰明、特別優秀或跟別人真有什麼不一樣。這個時候我並不了解這一點，但日後必定會發現。

# 第四章　投機豪賭

## 木材暴跌

我永遠不會忘記做交易賺五千美元那一天，那感覺就像十歲時，第一天當桿弟賺五塊錢的時候。為了賺那五塊錢，我當了一整天的桿弟，背了十小時的高爾夫球袋，才賺到五塊錢。雖然一小時才五十美分，但那是全世界最美妙的感覺。後來，我一天就賺一萬美元，也是一樣的感覺。接著，一天就賺了兩萬美元，就這樣越做越大。

有一年感恩節，回肯塔基家鄉看我爸媽和弟弟。感恩節後那個星期五，弟弟跟我一起飛到芝加哥，他想見識一下我的工作。當時我在木材市場做多，到芝加哥時才剛賠了四、五萬美元。我們走進木材交易場，邊向他解釋運作方式。為了讓他更明白實際狀況，我當場買了十口合約，沒過多久市場開始翻漲，我跟著一路買上來。那天我只做一小時的交易就賺了三萬七千美元。做多又碰巧市場上漲，這種情況很常見，有時候就是這麼得心應手，說要出錯也很難啊。那天包括客戶賺的錢和我自己拿到的佣金，總共大概有十萬美元吧，感覺就跟我第一天做桿弟賺了五塊錢一樣。

1980 年 12 月，波德里克跟我都在生涯高峰。木材業界沒有不跟我們來往的，我們的客戶可真是洋洋灑灑，控有資金超過三百五十萬美元。當時另一家地區性號子新任董事長

找上我們，他想把自家公司搞大，他不只想要我們帶著客戶過去，更想利用我在業界的地位。要是我過去跟他合作，他那家小公司的聲譽馬上水漲船高，所以他提出一些非常優渥的條件：分紅五成、費用報銷專戶、超讚的辦公室、頂級家具，裡頭甚至還設了酒吧。我明白地告訴他，這麼做的話他公司可賺不到錢，但他不在意。這可能是我職業生涯的頂峰吧，我賺了很多錢，手上有許多大戶，我既是交易所董事又是執委會成員。人生真是美好啊。

1979年到1980年間利率暴漲，美國房屋市場迅速轉疲，木材市場跟著叫苦連天。高利率掐住新屋銷售的脖子，而房屋就是木材的主要市場，於是木材價格大幅下跌，成交量也急遽萎縮，從每天六千口合約掉到只剩一千口。不管你原本在市場中如何呼風喚雨，當市場交投冷到如此地步，誰都會出問題，於是木材期貨的業務量，很快就難以維持我揮金如土的生活方式。

## 阿拉伯馬的失敗

於是我認為可以把我的「賺錢天分」應用到其他的商業合作，這樣就能維持我的揮霍：「我知道自己在做什麼。我很聰明，我家財萬貫不就是個證明嗎？」吉姆・格里斯曼（Jim Gleasman）是我所認識最聰明的人之一，也是個瘋瘋癲癲的傢伙。他很會說大話、畫大餅，但也總能想出一些很

棒的計畫來賺錢。比方說,他曾提議我們一起買個南美洲的小島,大概要花兩百萬美元,但是我們實際上只要拿出十萬美元,其餘可以利用島上種植的柚木做抵押來貸款,然後把那些柚木賣掉,暴削一筆,等於是白賺了一座小島。格里斯曼就是這麼瘋狂,不斷蹦出一些點子。每個星期都會想到一個可以賺一百萬美元的新想法。

有一回他說起阿拉伯馬:「你先買幾匹好馬,再讓牠們生小馬,送到馬展上展出,然後就會大賺。」

「你確定這樣行得通嗎?」

「成啊!」

我是不曉得這些馬怎麼會這麼貴,而且還能靠這個賺大錢。這些傢伙什麼也不會,既不賽跑也不跳欄,什麼都不會嘛。只供展示用。你只要牽著走來走去,就有人花兩百萬美元買下,只因為牠們看起來很漂亮。這對我來說真是難以想像,不過格里斯曼跟我就開始四處物色阿拉伯馬。

有一天他對我說:「我找到了。有對夫婦正在辦離婚,要處理掉所有的共同財產,他們有一匹阿拉伯馬,可以用兩萬兩千美元買到。」這是我現在想得起來的第一個數字,他提到說要買一匹什麼都不會的馬,所以我們就去看那匹馬,名字是「瑪瑙」。瑪瑙很漂亮,可說是華麗吧,是匹深灰色的阿拉伯馬。牠有這個血統、那個血統,等等……等等。「那就買吧!買下這匹馬,牠還要花什麼錢呢?」

　　這玩意兒是你一沾手，牠的收銀機就嘩啦啦動個不停。我們要把牠從馬廄運出來，供吃、供住、要找獸醫，還得花錢訓練。幾個月下來，牠的身價當然不凡。我們在瑪瑙身上花了不少錢，有幾項也都高達兩萬美元。

　　有一天，我接到格里斯曼的電話。

　　「是瑪瑙。」他說。

　　「怎麼啦？瑪瑙怎麼了？」

　　「瑪瑙在俄亥俄州馬科醫院的急診室，正在接受檢查。」

　　「喔，天啊！現在狀況如何？」

　　「說是得了一種罕見的血液疾病。」

　　當然，那時候我們還沒幫瑪瑙投保。因為我們以為，在進行訓練和公證血統之後，牠的身價會比原先的保險金額還高。後來這傢伙又花了我三萬美元，最後還是不治身亡。這場阿拉伯馬投資大慘敗，在全部結束前就花了大概五萬美元。現在我才想到，我連馬都不會騎，還想靠阿拉伯馬賺什麼錢啊！

### 黃豆油價差套利

　　我決定別再養什麼馬，還是回來堅守市場比較實在，至少我明白市場裡頭發生什麼事。在木材市場日漸萎縮之際，我的買賣也相應調整，工作地點從交易大廳慢慢換到樓上

辦公室，靠報價機幫一些投機客做買賣，經手商品也日益擴大，不再限於木材。我也幫自己開了幾個投機帳戶，並利用原先的木材帳戶來做其他商品買賣。

因為業務上的調整，我需要一些幫忙，木材市場我很熟，其他市場則不然。我有個老朋友，柯比·史密斯（Kirby Smith）那時剛好也加入這家地區性號子。這也是「花錢找行家」的老把戲，我以前在另一家號子就認識柯比，雙方一直保持聯繫，而他對於各類市場的認識之深、之廣，也一向讓我佩服。他就是知道一些我不知道的東西，這正代表我的典型想法：「知道比我多的人一定非常聰明，因為我就夠聰明啦。」柯比也確實非常優秀，對許多市場他知之甚稔，尤其是穀物市場。

1982 年夏天，柯比開始關注黃豆市場，黃豆價格從1979 年以來持續低迷，而柯比認為黃豆油即將有大行情（黃豆油即是由黃豆壓榨得出，另一項商品為黃豆粉）。他一直在說黃豆油供給越趨緊俏，即將出現供不應求的現象，價格必定飆揚。而我呢，只曉得黃豆油做成的美乃滋，雜貨店裡頭的海爾曼（Hellmann）美乃滋可是一大堆。不過，正如我所說的，柯比真的很厲害，對這個市場他熟得不得了。我很快地學了很多，也開始注意黃豆市場。

1983 年初，我們開始在黃豆油市場設定看漲的多頭價差交易（bull spread；我們看漲後市，因此在買進近月份期

貨的同時，也賣出遠期月份。一旦供給緊俏，市場出現短缺，近月份漲幅會比遠月份還大，這套價差交易就會賺錢）。就跟平常一樣，一旦我相信什麼，總是四處宣揚，我會打電話給每一位我認識的人，告訴他們力挺黃豆油的理由，叫大家趕快搶進，一起撈錢。就算你覺得你只是聽過我的名字，都該趕快買進黃豆油。我的兄弟、交易商、朋友、客戶，每一個人我都打了電話。我的祕書聽我在電話上說了那麼多次，她自己也開戶做了五套。做這種價差交易最棒的是開頭無須保證金，但每日收盤結算若是虧損即須補足。這讓我們可以建立很大的倉位，大到有一天芝加哥期貨交易所要打電話通知我，說我的投機倉位已經超過規定上限五百四十套，多出來的部分必須先平倉。當時不是只有我做的五百四十套，還有我叫大家趕快搶進，共襄盛舉的每一個人，總共還有大約七百套的套利交易。

## 致富之路

那年夏天蓓特跟我本來計畫來趟從沒有過的家庭旅行，帶著孩子們暢遊東北岸。去度假前，我的買賣做得嘎嘎叫，所以我大手筆地買了一輛全新的保時捷 911 型敞篷跑車，又花了一萬一千美元為 8 月旅行租下四十五英尺長的住宿房屋車。

這趟計畫是離開芝加哥後先去華盛頓特區，找我兄弟泰

瑞，然後沿著東海岸往北走。在房車裡頭我已經裝好一具行動電話，路上可隨時跟市場保持聯繫。於是 1983 年 8 月 1 日星期一早上，我們離開芝加哥以後第一件要做的事，就是在午餐時間從房車打行動電話給史密斯。

「嗨！黃豆今天怎麼樣？」

「豆子漲了二十美分。」

「真棒！為什麼漲了啊？」

「氣象報告說是天候異常的乾燥、炎熱，至少往後十天都是如此。」

太好了！我正在度假，然後黃豆正在 1936 ～ 37 年沙塵暴以來最嚴重的旱災中烤得發燙。如此一來，我就算在外頭度假，市場也照常付我薪水。我心想：「也許明年就來個全美走透透，我在路上也照樣做買賣啊。」

「那，木材市場如何？」

「跌停板囉。」

「哎喲喂。」

還好啦，我的黃豆油大賺，木材小賠，所以還是賺。

8 月 3 日星期三，抵達我兄弟家。隔天晚上，泰瑞邀了些朋友一起過來吃晚飯。當時他們剛看過一齣跟期貨交易有關的電影，叫《你整我、我整你》（Trading Places），所以他們對商品市場種種和交易員生活都很感興趣，因此我大半個晚上就在那兒吹噓我在市場上南征北討的故事。他們聽

說我的木材倉位正在大失血，根本難以想像我怎麼撐得住這樣的虧損。當然我也告訴他們，我在黃豆油市場可是個大殺手，因為他們剛剛看過那齣電影，所以也都懂我在說什麼。

第二天木材又跌停，於是我打電話給史密斯：「能不能打電話問一下誰，看看木材怎麼跌這麼慘。」他挖到一個消息，說某個大型期貨基金正趕著交割前平倉，所以賣壓特大。「唔，那好吧，」我心想：「這就沒什麼大不了的。等那個笨蛋退出市場以後，行情就會回來了。」結果木材連跌三根停板。五、六十口期貨連跌三根停板，可是不少錢，我賠了大概七萬美元。最後，我靈機一動開始問史密斯一些聰明問題，例如：「遠、近期價差如何？現在現貨價多少？三合板行情呢？」當時多頭價差已經連續縮小八天，但那一天開始回彈。「好，再敲進二十口。」趁現在逢低加碼，等行情回升就能更快把錢撈回來。然後我們離開泰瑞家，繼續旅程。

結果事實證明，我最後敲進那二十口正是那段時候的最低價，之後大概一個星期每千板英尺（board feet）漲了十三・五〇美元。等我到了費城附近，我原先賠掉的七萬美元已經扳回五萬了。「勝利！在失敗邊緣大翻轉。」我心裡喊著，奔馳在紐澤西公路上，邊喝百威啤酒、邊用行動電話下單做買賣，以為全世界自己最厲害。

幸運的是，木材倉位對我真正主力的黃豆油倉位也沒什

麼影響。我每天都會打好幾通電話給史密斯,問他黃豆油行情。

「看起來如何?」

「喔,很棒啊!」

「是喔,我想也是。」

「是啊,很好啦。」

「就說嘛,真希望可以再多買一點。」

我們老「哥兒們」就常常這樣一來一往地對話,其實更像是聚在一起取暖,因為我們的看法一樣、倉位也一樣,這樣的人還聚在一起說什麼行情嘛。

「最近如何?」

「喔,看起來很不錯啊。豆子漲停囉,黃豆油也是。大夥一致看漲啊!」

「大家還在注意天氣嗎?」

「是啊。還有,聯儲會主席沃克(Paul Volcker)和財政部長黎根(Donald Regan)最近都跟歐洲各國央行聯手干預匯市,貶低美元。」

「這會促進出口,刺激穀物價格上揚。對吧?」

「沒錯啊!」

8月11日收盤後,農業部公布作物報告,指出8月1日調查發現黃豆作物狀況欠佳。當時市場已經預先反映這項利多,早就連漲好幾天。我又打電話給史密斯。

「市場狀況如何？」

「跌停板了。我們多頭價差的漲幅被吃掉一些。」

「跌停？怎麼會？我以為那份報告是利多咧，不是嗎？」

「是利多啊。不過愛莉西亞颶風已經抵達墨西哥灣，市場認為它帶來的雨水，對密西西比河三角洲的作物有幫助。」

「這種說法也太蠢了吧！愛莉西亞可不會帶來溫柔的春雨。這個風暴這麼兇猛，說不定連黃豆作物都會連根拔起。我覺得市場應該要漲才對啊。」結果第二天又跌停，多頭價差的漲幅又被吃掉不少。

交易場上最古老的法則之一是：要是市場碰上大利多還不漲，反而下跌的話，你要是作多就要趕快跑！一個意料不到的反向行情，表示這裡頭必定有某些嚴重問題。政府的大利多報告公布之後反而連跌兩根停板，代表這個行情不太妙。面對如此危急存亡之秋，這兩個膽大包天又一頭熱的交易員會怎麼辦呢？會即時撤離，或者堅守陣地繼續賭下去呢？沒錯！我們認為錯的是市場！我們絕對不會這樣就被嚇跑。幾天後，市場又轉向我們預期的方向。我們秉持信念，無懼法則，必定要歡呼收割。我們在烽火線下拿出大無畏的勇氣，就快要獲得回報了。

8月24日星期三晚上，我們的房屋車開到賴瑞‧波德

里克在克里夫蘭的湖濱別墅。假期即將畫下句點，下週一我要回到辦公室。隔天早上起床後，賴瑞跟我就在別墅裡頭的辦公室看了一下盤，然後一起去湖邊碼頭。他在碼頭也安裝了報價機、電話和小冰箱。1983 年 8 月的最後一個星期四，我們坐在那裡邊喝啤酒邊看盤，以為生活不會比現在更愜意了吧。沒想到後頭還有。

那一週的週一、週二、週三，黃豆油連攻三根漲停板，因此價差狀況持平，既沒賺也沒賠。然而週四價差開始擴大，我們作多的近月份 9 月期貨上漲一百五十點，而放空的遠月份 1 月期貨才上漲八十點，儘管那天收盤價不及盤中最高，但多頭差價套利的表現卻是讓人如癡如醉。那天結束時我總共賺了二十四萬八千美元，一天就撈到百萬美元的四分之一！

各位還記得，我極力鼓吹認識的朋友一起共襄盛舉，套取黃豆油價差利潤吧？那一天我的祕書賺了兩千四百美元（要是一年只賺三萬五千美元，這個數字可真不小），波德里克也賺了快五萬，所以那些跟著我做黃豆油價差套利的人，那一天總共賺了快七十萬美元。我接到來自全美各地的電話，說我是多厲害又多厲害，說我是多麼聰明又多麼聰明。我當仁不讓：「是啊，我真是太聰明了。」但這才只是個開始。黃油豆市場還有長路要走，而我們也跟著走上致富之路。

　　後來從市場上的人脈（我們現在可是黃豆油市場中的重要角色啊）得知，跟我們對做價差套利的另一頭是大名鼎鼎的傳奇交易員理察‧丹尼斯（Richard Dennis；這位老兄有「交易場王子」的封號。他在 1970 年跟家人借來一千六百美元，花了一千兩百美元買下一家二流交易所，美中期貨交易所［Mid-America Commodity Exchange］的會員資格，然後以十五年時間從原本的四百美元滾成報導中所說的兩億美元）。「哇！」我說：「大消息啊！我們要讓理察‧丹尼斯出局囉。幹掉理察‧丹尼斯，我們在交易場上就名留青史啦。真是不得了啊！」我們不但會變得有錢，甚且是名利雙收啊！

### 電話傳來的喪鐘

　　在市場上「證明自己判斷正確」讓人興奮不已，而且能賺這麼多錢也是難以置信。這種感覺就算嗑藥也嚐不到，你覺得自己刀槍不入、無堅不摧。任何痛苦都沾不上身，你也看不出這世界怎麼會不好。說起來，就像是上帝還得打電話來跟你請示：「明天是不是可以讓太陽昇起？」你思考了一分鐘左右，可能會說：「好吧，繼續。」我打電話給史密斯，兩人相互祝賀。我們的智慧！我們的真知灼見！我們要賺到的錢！不是那些已經賺到的，而是以後還會賺到的錢。對那些已經賺到的，我們一聲驚訝、感嘆都沒有，連一句「好

棒喔！今天能賺那麼多真是不可思議」也沒，馬上就接受，以為它們就該在我們的銀行帳戶，理所當然地接受，那本該就是我們的。我們絮絮叨叨，談的都是我們會賺多少錢。那一天不就證實我們很正確、很厲害嘛。我永遠不會忘記那天下午走進賴瑞的房子，拿起一本頂級消費目錄《羅博報告》（The Robb Report）。這本雜誌本來是刊登一些勞斯萊斯二手車的資訊，後來淨登些貴到離譜的蠢東西，像什麼五百萬美元起跳的豪宅啦、狩獵小屋啦、豪華大莊園啦，還有整座小島的販售資訊呢。能登上這本雜誌的東西，都是最頂級、最昂貴的品項。就算是枝筆，也會是五百美元起跳。

裡頭有一節討論度假房車，勞斯萊斯就出了一款「青鳥漫遊家園」（Bule Bird Wanderlodge）的房車。我坐在屋內翻看《羅博報告》，心裡還真的在盤算要不要買輛四十萬美元的房車。到底誰會花五十萬美元買輛巴士啊？恐怕有點不太正常吧？我就是不太正常！我真的在想要不要買輛這種巴士。

週五早上起床後，我直奔報價機，按捺不住興奮心情，在市場開盤前我叨念著：「開動吧，好傢伙！開動吸鈔機。衝啊！我要賺更多錢。」我只想賺更多錢。我根本沒想過會不會賺錢，只想到要賺多少，我認定自己成功已然到手，原本的榮景必定持續下去。

市場開盤後，遠、近期價差從前一日大漲行情略顯修

正，大概縮小了十點。但這對我的倉位來說可是少賺了三萬美元啊！「那也沒什麼大不了的。」我心想。（這也是個失控的徵兆。誰會丟掉三萬美元，還說「唔，也不太糟啦」。這有點不正常，對吧？星期五開盤後五分鐘，我就丟了三萬美元，而且覺得還好：「沒關係，可惜不能再加碼了。」）

後來那天的價差從縮小十點又轉變為擴大三十點，而且一直維持到收盤。歡呼！價差又是如同我們所預期。太完美了！這齣戲的劇本真是寫得太完美了。這個週末我們可把理察・丹尼斯套牢囉，至少我們以為是自己厲害。事實上我們還覺得這真是個「好消息」，跟我們打對台的竟然是神奇的理察・丹尼斯。

那一天我賺了六萬美元，但最棒的是行情變化正如我所料。收盤前五分鐘近月份期貨大漲，我賺六萬，其他跟著我跑的朋友大概總共也賺了十五萬美元。客戶又再打電話來讚嘆一番：「天啊！天啊！真是太美了。你們太厲害了！」當然，我深表同意。

星期六，開車載家人回芝加哥。歸還房車時，我又另外付了五百還是一千美元，大概是電話費什麼的。那種小事我才不管，我沒空理那些。我的態度一貫是：「我想要的事情，得花多少錢？做得到？好，那就做吧！我付錢。」

## 滑溜溜的黃豆油

星期一早上，我開著全新的保時捷 911 型敞篷車，掀開車頂，沿著密西根湖濱公路進入芝加哥。七點半進辦公室，距離黃豆市場開盤還有整整兩個小時。辦公室裡頭的沙發和椅子，都是西德一種特殊皮革做的，記得好像花了七千美元吧。立體聲音響是要價四千美元的高級品牌「B&O」（Bang and Olufsen）。這間辦公室裡頭的東西，都是最貴的。就像《羅博報告》：「這張桌子你想花多少錢？沒問題，買！」我有一張很特別的桌子，底下是根銅柱，撐著一面三吋厚、六吋寬、七吋長的桃花心木，桌面看來像是懸在半空。書架跟桌子一樣，也是拴在牆上，像是懸空。你走進辦公室就會看到整片的地毯，一根銅柱豎起，然後是兩片木板浮在半空，無視於地心引力。當時我想做的就是這個：挑戰地心引力。我坐在那張漂亮桌子前，迫不及待地等著市場開盤，準備今天再賺個五萬美元。我想這樣的生活，也不會再好了吧！我沒說錯，是不會再好了。

那個星期一早上黃豆油開盤後，遠、近期價差的變化對我們稍有不利，等到快收盤時，前兩天的增幅幾乎都吐回去了。原因是黃豆種植區週末下雨了。我覺得這也算是還好，畢竟市場已經漲了好幾個禮拜。「這只是多頭市場的回檔修正吧，」我告訴自己：「而且在生長季節的最後才下雨，也太遲了，對作物沒什麼好處。」

8 月 31 日星期三，遠、近期價差再次重創，儘管謠傳蘇聯正商議要採購美國黃豆，刺激豆價大漲二十五美分。由於豆價堅挺，再加上蘇聯的消息，我敢肯定黃豆油行情跟進必定只是時間問題而已。

星期四，黃豆類商品同步重挫（包括豆子、豆油和豆粉），據報導是因為蘇聯戰鬥機擊落一架大韓航空客機。

「韓國客機墜毀，跟黃豆市場有什麼關係啊？」我問。

「大家猜說我們可能對蘇聯實施糧食禁運，就像 1980 年蘇聯入侵阿富汗後，卡特對蘇禁運制裁。」史密斯說。

「這也太蠢了吧！俄羅斯人也沒入侵韓國，他們擊落客機也是個意外啊。這根本是兩回事嘛，市場猜錯了，我們不會禁運糧食的。」

我說的沒錯。那個勞動節週末，雷根總統雖然嚴厲譴責蘇聯的攻擊，但並不準備採取強硬的報復行動，也拒絕中斷新的糧食外銷談判。消息刺激下，黃豆價格大幅挺揚，但黃豆油的多頭價差卻是又趨疲軟，於是我又一廂情願地認為，8 月份黃豆油行情比黃豆本身好太多了，所以市場可能先休息一下，才會把行情拉上來，打第二隻腳。接下來市場正在等待 9 月 12 日的農業部報告，因此價差狀況維持穩定。報告顯示強烈看漲，天候因素對作物的損傷比原先預期還嚴重。隔天黃豆價格開盤跳空幾乎漲停，但收盤時卻打到快跌停板。但是這一天黃豆油收盤時，遠、近月份價差又趨於擴

大。

「對嘛，」我對自己說：「黃豆油市場又要反彈上攻囉。豆類商品的多頭市場就是由黃豆油領軍，現在豆油又要上漲，市場已經開始反轉。」然而隔天黃豆油市場卻再次崩盤，各個月份期貨都見跌停，而現貨月份因為沒有漲跌停板的限制，甚至跌得更慘。

星期五，市場趨於穩定，行情反彈回升收復本週來跌幅約三分之一。到了 9 月 19 日的星期一，黃豆和黃豆油市場強力反攻，週末在加拿大出現的冬季風暴正逐漸移向美國中西部。「這真是太好了！」我心裡面想：「這期黃豆作物先是經歷幾個星期嚴重乾旱，為 1930 年代以來所僅見，劫後餘生的作物又要遭受早霜的威脅。是嘛，黃豆最後還是要翻揚的，這場霜害會讓市場恢復多頭走勢。」結果事與願違。行情再次滑落。從 8 月最後一個星期五，我在波德里克的湖濱別墅之後，遠、近月份價差已是江河日下，好景不再。空頭最是無情，偶爾的反彈只是痙攣抽搐，今天漲一萬、明天跌兩萬五。

行情持續走軟，我每天大概賠掉兩萬到兩萬五千美元，而且連續好幾個月。我提供建議的客戶都是經驗豐富、操作嫻熟的交易員，因此他們早在 9 月初就紛紛平倉退場。但我以為這只表示他們缺乏勇氣，不能堅守多頭陣營，沒有信心長抱。我當然不跑，我做長線啊！這次肯定是場大決戰。全

世界的黃豆油都快用光啦，説不定連美乃滋都快用光了，而史密斯跟我這次要海撈千萬美元！

## 頭暈目眩

接下來的幾個星期，史密斯和我不停地告訴對方：「沒有關係，行情會好轉的。」不管聽到什麼跟市場相關的新聞報導，我們都自動解讀成「萬事平安」的版本：「現在我們知道市場今天為何會下跌。了解原因之後，利空總會過去，一切都會好轉吧。」這一切都被我們一廂情願地合理化，就像是《煎餅坪》的丹尼跟他的朋友一樣，把一切不利因素統統合理化：「是啊，我們聽説一些穀物商交割黃豆油了，等他們的貨出完就沒事了！」

到了 10 月初，我的倉位都在賠錢。黃豆價格已經跌到兩個月以來的最低，從 8 月 11 日農業部發表作物生長報告預期收成減量之後，市場反而跌跌不休。由於倉位狀況欠佳，我開始接獲要求追繳保證金。每兩、三天就要追繳一次，但公司的人還是一直捧我：「我們曉得你是個大戶啊，你是芝加哥商品交易所的執行委員。我們都知道你很厲害，而且你還有輛那麼棒的跑車。錢對你來講是沒問題的啦。」所以我就又撐幾天，看看市場會不會翻揚。要是翻升，那很好，我就不必再補保證金了。要是還不反彈的話，過幾天我再跟朋友借點錢來補滿短額。

　　逐漸地，我連外表故示輕鬆、冷靜都辦不到，在家跟蓓特和孩子們嘔氣吵架，他們根本不曉得怎麼回事。太太和家人不曉得交易員在市場上的賺賠，這種情況並不罕見。我不敢回家吃飯，怕跟家人面對面。我瘦了十五磅，晚上睡不著。每天上床時，總想著隔天起床又要再次目睹相同慘況重演，這真是太可怕了！到了星期五我才能鬆口氣說：「幸虧又是星期五，這幾天不必再賠錢了，因為市場沒開。」我期待週末到來，這跟我賺錢時的反應剛好相反。一帆風順之際，我巴不得市場早點開盤。如今日日失血，我又恨不得早點收盤。賠錢的時候真是非常痛苦，現在只求行情可以回到 8 月的高點，好讓我解套。

　　倉位已然失血過多，我們還是不願面對現實。每天賠掉兩萬、兩萬五千美元，我們還是互相拉著手，安慰自己說事情就快好轉。當然是從來沒好過，而且也實在是難以忍受的痛苦。但我已經無法脫身，只要留著倉位，我就相信自己還有機會，仍然盼望著撈本。一旦平倉退場，我就什麼也甭指望了。「明天就是我下半輩子的新生，行情就要反轉了，明天！」永遠都是「明天」，但從沒反轉。

　　到了 11 月的第一個星期，我的虧損已經十分嚴重，虧空二、三十萬美元。此時黃豆油報價二十五美分，從 8 月高點算下來，我賠掉七、八十萬美元。更糟糕的是我還向朋友調了四十萬美元的頭寸。11 月中旬，保證金又要追繳，我

不想再跟朋友借錢了，所以決定硬撐到底，看看行情是否翻轉，讓我解套有望。11 月 17 日，經紀公司派一位高級主管到我辦公室，開始幫我平倉。公司總算大發慈悲幫我拔管，因為我自己辦不到。

他們不只清算帳戶，還扣押我所有的資產。我的會員資格也被他們賣了，所以我必須辭去董事和執行委員的職位，因為我已經不是交易所的會員，然後他們開始把我辦公室的東西搬走，家具、音響、懸浮辦公桌和書櫃。我還記得，當他們把辦公室剝得精光時，我坐在椅子上哭了。這真是我人生的最低點。我從 8 月 31 日叱吒風雲，到 11 月 17 日一無所有。我不忍再看他們搜括物品，只把牆上全家福照取下，即離開辦公室。我彷彿記得當時在交易所大樓徘徊了好一陣子，不知道自己該何去何從。我跟朋友也借不到錢了，唯一希望只剩黃豆油的倉位。現在一切都完啦。哎，蓓特跟我以前也吃過一些苦，這次應該也可以撐過去吧。老天啊，蓓特！我要怎麼跟她說呢？我怎麼跟她解釋，我十五年來的打拼和所有的錢，就在兩個半月以內賠個精光呢？我走向交易所的大河俱樂部，泡在傑克丹尼（Jack Daniel's）裡頭希望釐清頭緒。

喝了幾小時的酒，我搖搖晃晃去找我的保時捷。我記得當時我以為拯救家人的唯一辦法，就是去自殺。我那時候的人壽保險價值百萬美元，能幫太太、孩子們做的，大概只剩

開車以時速一百英哩撞死在橋上。我心想：「大家都知道我喝得爛醉才離開，看起來就是一場意外吧。」如果只是自殺，我想保險公司大概不會理賠，於是我開上甘迺迪高速公路，想要找個好地點。在我還沒離開城市之前，看後照鏡閃著藍色警示燈。我靠著路邊停車，等警察走到車窗邊。

「麻煩，行照和駕照。你知道你開多快嗎？保羅先生。」

「呃……七十五？還是八十？」

「幹嘛不猜十八。」

真是不敢相信，我醉得一塌糊塗，根本不曉得自己打了一檔就上路開到現在。結果我拿到罰單不是超速，而是因為龜速，說我行車疏忽，我的保時捷在高速公路上以十八英里龜速慢行，妨礙交通。

胡思亂想什麼自殺一陣子後，我逐漸恢復過來，但還是在家裡躲了三個禮拜。我整修了客廳的地板，屋前屋後幹些瑣碎的小事。我裝模作樣地做些有用的事情，活似個雜工，假裝那是我的「工作」。看看電視上的財經台，好像跟市場還保持著聯繫，儘管身上一文錢都沒有，不能幹出什麼來，我還一直唬人地更新行情趨勢圖。我什麼都不想幹，只是假裝在做些什麼。

## 從谷底出發

大概一個月以後，我跑去找木材交易場的老朋友，史

都‧金寶。我沒工作、沒錢，真是前途茫茫。但不知道為什麼，史都對我一點也不灰心。他認為我發生這些事情是再好不過了：「很好，我們會讓你再站起來的。偉大的交易員一生至少要破產一次。你不會有事的。」他幫我付錢，租了個歐洲美元交易場的席位，教我做他的買賣。這時候我才突然發現，我還不是個交易員。我做不到，不夠優秀。我做不到像他那樣，儘管我在理智上可以理解，而且他也教得很好，但我就是不夠靈光、不夠快。他對數字真的很厲害，太厲害了！可是我的腦袋沒他那麼行。我在歐洲美元區做交易員，根本沒生意，不夠養家糊口。

　　1984 年 9 月，會計師發現說我可以把過去三年的收入和虧損平均攤提，重新報稅，即可獲得退稅。於是我把1983 年的虧損和 82 年、81 年的收入綜合申報，從山姆大叔那裡要回了大約十萬美元。對於嚴峻的財務狀況來說，這點錢不算多，但也算是場及時雨。歐洲美元的步調緩慢，市場效率奇佳，因此價格不太有變化。而我過去習慣的木材市場，常見波動，既然我出身自震盪大的木材市場，說不定比較適合去交易史坦普指數，於是我花了五萬五千美元，買下指數與選擇權市場（Index and Option Market；IOM）的席位，準備交易史坦普五百指數期貨。

　　做了五個月，結果沒賺到什麼錢，對它也沒什麼好辦法。再次證實其實我不會做交易。我還是自我安慰，比方說，

自己已經很久不進交易場了，因為過去有一陣子我都是躲在
樓上的辦公室，透過電腦下單。我又以六萬美元賣出這個席
位，這是我僅有的資金囉。我打電話給柯比‧史密斯，他那
時候在一家小券商工作，我們窩在辦公室裡頭，談著要怎麼
做交易，準備重現江湖收復失土。1985 年 10 月我重返交易
場，但仍是涓滴進帳，坐吃山空。那時候我還在繳汽車、房
子的貸款，也要養家負擔所有支出，在這種苦無進帳的情況
下，很快就撐不下去了。

　　要是交易不能很快看到成績，我就得去找份真正的工作
才行。我必須回去工作才能養家活口，但我不要，我相信自
己可以做得更好。該做的總是要做，我還不打算放棄交易，
我當自己現在是在桿弟休息區，我不會就此袖手，但要想辦
法不再輸錢。現在該做個聰明人了，我要謙虛地學會，下定
決心從錯誤中學到教訓。

# 第五章　追尋探索

## 專家怎麼賺錢？

我把所有的錢輸光，不只是因為黃豆油倉位處置欠佳，我也發現到自己不是個夠格的交易員。當然，我是在市場上賺過錢，但事實證明，我並不曉得自己是怎麼賺到錢的。因此在我必須靠交易來維持生計時，也無法複製自己的獲利模式。那幾年能靠「交易」賺到錢，與其說我是個優秀的交易員，不如說是優秀的業務員，在適當的時機、處於適當的位置，結識一些合適的人，才讓我賺到一些錢。就我而言，實在是缺乏與生俱來的交易才能。

發現到自己不夠格當個交易員，是個痛苦的覺悟。要在場內擔任交易員，我既沒耐心也沒機械式交易的技能，而在樓上當個成功的交易員嘛，我做起買賣來也欠缺一致性。想要學習交易賺到錢，就要先搞清楚別人是怎麼做的。因此我找來許多投資專家的書和相關的採訪報導來研讀。我努力研究華爾街和拉沙街（La Salle Street）最優秀的投資人和交易員，包括：彼得‧林區（Peter Lynch）、伯納德‧巴魯克（Bernard Baruch）、吉姆‧羅傑斯（Jim Rogers）、保羅‧都鐸‧瓊斯（Paul Tudor Jones）和理察‧丹尼斯等等。畢竟，當我們生病時，都會去看最好的醫生，碰上麻煩時也會請最好的律師。因此，我現在也要找到那些最棒的投資專家，看

看他們在市場上是怎麼賺錢的。如果我知道他們怎麼做，我就可以東山再起，重新邁向致富之路，而且這一次，我一定要留住戰果。

以下就是這些專家提供的賺錢建議。各位要是不曉得這些人的來歷，我在本書的「附錄」單元有簡短的介紹。

## 投資專家打對台

*我沒碰過有錢的技術分析師。[1]*

*（吉姆‧羅傑斯）*

聽到誰說「沒碰過有錢的技術分析師」，我就想笑。很厲害嘛！既傲慢又愚蠢的反應。我搞基本分析搞了九年，最後靠技術分析賺大錢。[2]

*（馬蒂‧史華茲）*

讓人看了很糊塗！好吧，也許是成功的關鍵不在於你是個基本分析派或技術派。我個人靠這兩種方法都賺過錢，儘管我發現技術分析是必要的，但市場的變化也往往是基本面

---

1　傑克‧史瓦哲（Jack Schwager），《市場高手：頂尖交易員訪談錄》（Market Wizards: Interviews with Top Traders）（紐約：紐約金融學會 ［New York Institute of Finance］，1989 年）；第三一七頁。

2　同前注；第二六五頁。

因素所致。也許別的主題可以揭示專家的祕密。

> 投資要分散。[3]
>
> （約翰・坦伯頓）

　　沒錯！我開始抓到一些關鍵，也令我深有同感。或許我就是押得太滿，就投入市場的資金來說，我在黃豆油價差交易的比例過大。甚至到後來，往往只投入一個交易市場。看來這就是我要學習的第一課：多元化。但我繼續讀下去，又看到不同的說法：

> 多樣化只是一種避險的無知。[4]
>
> （威廉・歐尼爾）

　　你的投資要集中。要是你有四十個小老婆，那麼你對誰都不會深入了解。[5]

> （華倫・巴菲特）

　　巴菲特在市場上已經賺了十億美元以上，我算哪棵蔥敢

---

3　梅德隆・迪佛・泰利（Madelon DeVoe Talley），《熱情洋溢的投資人》（The Passionate Investors）（紐約：皇冠［Crown］，1987 年）；第七○至七二頁。

4　史瓦哲，《市場高手》；第二二九頁。

5　泰利，《熱情洋溢的投資人》；第七五至七八頁。

不同意他的話嗎？但坦伯頓也是現存最偉大的投資大師之一，對此他的意見跟巴菲特完全相反。

好吧，那麼多元化或許也不是答案。也許你把所有雞蛋都放在同一個籃子，然後非常小心謹慎地維護，照樣可以致富。又或許，到目前為止所挑選的主題，都太過廣泛，不夠精確。當然，投資專家都認為應該更精確地研究投資和交易技巧上的實際應用。

### 攤平

對於所投資的企業，你一定要了解它的業務。不然一旦股價下跌，你就難以判斷是否逢低承接。[6]

（彼得‧林區）

攤平是一種可能造成嚴重虧損的業餘策略。[7]

（威廉‧歐尼爾）

### 賣到最高價、買到最低價

不要在底部釣魚。

（彼得‧林區）

---

6 同前注；第一一〇頁。
7 史瓦哲，《市場高手》；第二三二頁。

甭想買到最低、賣到最高。[8]

（伯納德・巴魯克）

在芝加哥，趨勢也許有幾分鐘是你朋友，但大多不能靠此致富。[9]。

（吉姆・羅傑斯）

我相信市場反轉時最容易賺到錢。大家也都說，想抓頂部和底部最危險，所以應該把握趨勢，只取中間那一大段。不過，十二年來我常常放過中段，但抓到許多頂部和底部。[10]

（保羅・都鐸・瓊斯）

## 鎖定價差

要是你不確定市場再來會怎樣，就找些你認為漲太多的東西先拋空，這是明智的保護。[11]

（羅伊・紐伯格）

不管我對後市看漲、看跌，手上總是同時會有多、空倉

---

8　同前注；第二九頁。

9　史瓦哲，《市場高手》；第三一四至三一五頁。

10　同前注；第一二九頁。

11　泰利，《熱情洋溢的投資人》；第五二頁。

位，算是以防萬一。[12]

（吉姆・羅傑斯）


我試過在同個產業中同時作多和作空個股，但通常不會太成功。[13]

（麥克・史坦哈特）


很多交易員碰上商品（或股票）倉位下跌時，就採取對沖避險來保護自己，也就是說拋空某些商品（或股票）以彌補虧損。這實在是大錯特錯。[14]

（威廉・甘恩）


我本來就預期專家們的意見可能會有些微差異，畢竟有些是股市大戶，有些是專精選擇權或期貨交易，不過這些人有什麼共同看法嗎？從上面那些例子來看，更像是相互攻訐的辯論。

我想要找到專家在市場上賺錢的方法，想要知道他們都

---

12 史瓦哲，《市場高手》；第二九一頁。

13 同前注；第二九一頁。

14 威廉・甘恩，《如何從商品期貨交易中獲利》（How to Make Profits in Commodities）（華盛頓州波默羅伊：蘭伯特－甘恩〔Lambert-Gann〕，1951 年）；第一八頁。

會的祕密，但要是專家對於怎麼賺錢都沒有相同的看法，又要從哪兒學會什麼祕密呢？這時我才想到，也許根本就沒祕密。他們不是靠同樣方法賺錢。甲說某某事不要做，乙又說你就應該這麼做。為什麼他們意見不一呢？我是說，這幾個人從市場上賺了幾十億美元，而且也都守住了戰果。他們賺錢的時候，至少也該有些共同點吧？要是某甲做了某乙告誡的事，某甲為什麼沒有因此賠錢？而既然某甲不會因此賠錢，為什麼某乙就會呢？

如果照著專家做就能致富，不照著做就一窮二白，這些傢伙應該個個都成了窮光蛋吧，因為他們都不照著專家做嘛。個個都相互打對台，他們早都該破產了，於是我才想到，與其要找尋賺錢的聖杯，也許探索賠錢是怎麼發生更重要，所以我又把那些專家的意見重新讀過，這次專注在他們對於虧損的看法。

## 虧損
我的基本建議是，不要賠錢。[15]
（吉姆·羅傑斯）

---

15 約翰·崔恩（John Train），《投資新大師》（The New Money Masters）（紐約：哈波·羅〔Harper and Row〕，1989 年）；第二二頁。

　　我更關心的是，怎麼控制失利狀況。要學會接受虧損。想賺錢，最重要的就是不能讓虧損失控。[16]

　　（馬蒂‧史華茲）


　　相對於賺錢，我比較注意賠錢。別光想賺錢，要專注於保護你的戰果。[17]

　　（保羅‧都鐸‧瓊斯）


　　投資法則只有兩條：

　　第一條是絕對不要賠錢。

　　第二條是絕對不要忘了第一條。[18]

　　（華倫‧巴菲特）


　　大多數菜鳥散戶在虧損還算少的時候死抱不放，他們原本可以在受傷不重的情況下退出，卻受制於情緒和人性，一廂情願地一再延宕，造成虧損越來越大，終致損失慘重。[19]

　　（威廉‧歐尼爾）

---

16 史瓦哲，《市場高手》；第二七六、二七九頁。

17 同前注；第一二六、一三六頁。

18 〈巴菲特在嗎？在他最喜愛的牛排館想念華倫〉（Where's the Buffet? I Missed Warren at His Favorite Steakhouse），《錢》雜誌（Money）（1991 年 8 月份）；第七二頁。

19 史瓦哲，《市場高手》；第二三三頁。

要學會迅速而俐落地砍斷虧損，不要期待自己永遠不犯錯，而是在錯誤發生時，儘快砍掉虧損。[20]

（伯納德・巴魯克）

現在我挖到一些東西，要是賺錢有那麼多種不同的方法，我從那裡頭要如何找到什麼祕密呢？我自己就曉得怎麼賺錢，之前我在市場上就賺到一百萬美元了，可是我對賠錢卻是一無所知。那些專家儘管方法各異，但因為他們都曉得怎麼控制虧損，因此仍然可以賺到錢。當某甲的方法賺錢的時候，某乙運用相反的方法應該會賠錢，如果某乙遲遲不退場的話，而關鍵就在這裡，某乙不會傻傻地呆在市場裡頭。他會在虧損還小的時候就退場觀望。專家們都知道，不要賠錢就是自己的重要責任。

玩二十一點的方法都不只有一種，那麼在市場上賺錢，當然也不會只有一種。賺錢顯然沒什麼祕密，因為專家的方法都不一樣，甚至常常是相互矛盾。學會怎麼不賠錢，比學會賺錢重要。不幸的是，專家們都沒說要怎麼學會這套技能，因此我決定好好研究虧損，特別是我的虧損，看看能否找出在市場上賠錢的根本原因。正如我本書開頭時所言，也許我搆不上明智，但現在我可是非常聰明，總算從自己的錯誤中學到教訓。

---

20 泰利，《熱情洋溢的投資人》；第二九頁。

獲利的法則
What I Learned Losing A Million Dollars

—— 第二部 ——

# 學習教訓

**優秀判斷力通常是經驗的總結，但經驗往往又來自於判斷失誤。**

——羅伯·羅維特（Robert Lovett）

原本是找賺錢的祕密，如今變成要先研究怎樣才不會賠錢的祕密。何以學會不賠錢這麼重要呢？因為我們一旦在市場上賠錢，通常就是想要找到新的賺錢方法，顯然大家會認為是之前的方法有缺陷，絕不會想到是投資人自己或交易員的錯，但世界上有那麼多種賺錢的方法，你可能一輩子都在嘗試新方法，然後屢戰屢敗，因為你不知道怎樣才能不賠錢。要是你先搞清楚別人是怎麼賠錢的，進而學會控制虧損，那麼獲利自然尾隨而來。

基本上，我發現賺錢的方法是人人自有一套，但賠錢的方式可就那麼幾個。而我說的賠錢，也不是說交易中只賠一次而已。你打網球的時候，不見得每一場的每一局的每一盤都會贏，總是有輸有贏的吧。你總會碰上許多賠錢的狀況，任何交易、做任何生意都是如此。以前花旗集團的執行長華特·里斯頓（Walter Wriston）就說過，做他這一行的要是從沒碰過呆帳根本就是個菜鳥。這是真的。要是你完全不能接受虧損，那就什麼都甭做了。你該避免的是那種你沒有預先準備、沒提列備抵，偷偷來襲令人猝不及防，最後會讓你淘汰出局的虧損。

　　在市場上賠錢的原因有兩個，二者必居其一：一、分析有錯誤；二、應用上犯錯。正如許多專家所揭示，並沒有哪個分析方法確定必然賺錢。因此，要從諸多分析方法中找到「最好」的一個，只是浪費時間而已。因此不管我們採用什麼分析方法，應該仔細研究的是要怎麼去應用，或者說是去研究何以應用失敗的原因。儘管我們做出正確的分析，準確地預測，而且也得到可以獲利的建議，但很多人照樣是賠錢收場。儘管你訂閱的投資顧問服務有很好的獲利紀錄，為什麼你照著做也無法做到那麼好的績效呢？這是因為其中有某些心理因素，讓你沒辦法依照建議來應用那些分析。

　　那些心理因素可以歸類為二：一、病理上的心理障礙和疾病，需要專業醫生的幫助；或者，二、人人都有的心理扭曲，儘管大家基本上都是心理健全。

　　現在我們感興趣是後者。

### 市場傳說可信嗎？

　　對於因心理因素造成的虧損，市場上有許多警句格言似乎可以參考，不過它們往往太過模糊，難以實際應用。很多人隨口引用這些話，就好像其中真的包含著什麼不證自明的真理。大家不加思索地一再引用之後，所謂的名言警句也像是陳腔濫調一樣。而且，說起來容易，但實際上要應用卻很困難。重複引用這些格言是沒有用的，嘴巴上說一說並不

會讓其中蘊涵的信念或原理發揮效果，比方說：「不要討論市場倉位，因為專家不會這麼做。」你就算照著做也不會因此就成為一位專家。你必先了解其中蘊含的法則，才能受益於那些格言警句。專家不討論自己的倉位，是因為他們都曉得一開始是在什麼狀況下你才會討論倉位，因此他們都知道這麼做會造成什麼危險。格言警句都是以簡潔的形式表達出某些基本原則或行為準則，要記住、重複這些老生常談很容易，但難的是真正把握住其中的精髓。

例如，交易場上經常引用的格言：「儘早砍掉虧損。」聽起來很棒啊，但到底是什麼意思？只要出現虧損，就該把交易倉位處理掉嗎？所謂「虧損」的構成條件為何？市場虧損又該如何定義？任何投資或交易倉位，在某些時候都可能出現虧損，你怎麼知道這是個必須儘快處理掉的「虧損」，因為價位不會再回來，倉位不可能賺錢？

或者，我們也聽說：「不要跟隨群眾，要逆向而行。」那麼，群眾在市場上到底持有什麼倉位，你又怎麼知道呢？大眾意見又是以誰為準？要怎麼判斷大眾的動向？是看成交量或未平倉量嗎？還是賣權／買權比？賣權相對買權溢價？消費者信心？零股拋空數量？或者投資顧問的多空指數和意見調查？況且，跟大家唱反調也未必見效，有時候「跟群眾對做」只會讓你慘遭淘汰出局。

還有，也是歷史悠久的金句：「不要因為希望或恐懼而

做交易，也不要做出情緒性的決策。」這話聽起來很簡單，但各位在本書稍後就會知道，對市場參與者而言，情緒反應特別是希望和恐懼，會帶來許多矛盾狀況。

這本書不是要教各位怎麼面對自己的恐懼，或者怎麼「感知你的情緒和感受」。各位在參與市場和內在心理需求之間是否有所落差，本書也不會試著幫助調解。我不會提供一系列測試給各位做，讓你明白自己的心理狀況或內在衝突。我也不會提供什麼測試，讓你決定自己是否應該進市場做買賣。我不是個心理學家，我也不打算假裝自己是個心理學家，但我不必是個心理學家也知道，在你一開始做交易，要是讓「自我意識」過度涉入，把市場跟你個人混為一談，那麼這些心理因素很可能造成虧損。探究造成原因，是預防的第一步。如果我們知道市場倉位是如何主觀化（也就是自我意識滲透其中），我們就能想辦法防止，也就能預防心理因素所造成的虧損。

這本書有些想法聽起來也許模稜兩可，這些混亂語義要為思考上的困惑負起大部分責任，而這些困惑最後將導致心理因素的虧損。要釐清那樣的混亂，就是用詞、用語必須清晰、精確。現在我們就先給「心理」下個定義，看看我們在討論市場時該如何應用這個詞彙。

根據《美國傳統英語字典》（American Heritage Dictionary），「psychology」意指：心理過程的研究；行為特徵；個人或

群體的情感狀況。因為我們感興趣的是心理因素造成的市場損失，我們會從不同類型的市場虧損的角度，來探討這三項定義。因此本書第二部分，就是要探討在市場上賠錢的心理過程、行為特徵和情緒反應。

### ● 心理過程

第六章說明市場倉位尤其是在虧損時，滲入自我意識的過程；揭示外部的客觀虧損與心理因素造成的主觀虧損的差異；接著，檢視個人心理因素導致內在虧損的過程：否認、憤怒、討價還價、沮喪，到最後只能接受的心理過程。大多數人會把虧損看做是「錯誤」，進而使得原本客觀的外部虧損被個人意識所內化。然後，他們開始體驗到「內在虧損五階段」（Five Stages of Internal Loss），而在這些階段中，虧損也逐漸擴大。最後，本章要區分個別事件（如比賽）和連續過程（如市場）的虧損，唯有後者才會出現五階段演化。

### ● 行為特徵

第七章討論市場倉位自我意識化最常見的方式，並介紹五種市場參與者的類型：投資人、交易員、投機客、簽賭者和十足的賭徒。這五種類型的差別不在於他們從事的活動，而是根據行為特徵的表現。換句話說，同樣都是買股票，但有的是投資，有的卻不是，就好比玩牌不一定就是在賭博。

本章還會表明，從行為特徵和持續進行風險活動來看，市場
虧損大多源自簽賭者和賭徒。

### ● 個人或群體情緒

　　第八章指出，情緒就是情緒，既不好也不壞。情緒本身
是無法避免的，但情緒化可以也應該避免。情緒化是根據情
感起伏來做決策，而最容易做出情緒化決策的，就是群眾。
本章說明，從行動中可以看出群眾即是情緒的縮影，但我們
不是要從常見的民意對立或市場失控的角度來看，而是針對
群體對單獨個體的影響過程。個人在群體中，並非只是數量
上的意義，而是會在行為特徵上表現出來。我們也會檢視個
人受到群眾心理影響過程的兩種模式。

# 第六章　虧損的心理動態

> 「我現在不能棄守，因為已經虧太多了。」
>
> ——賠錢者最常說的話

1983 年 10 月中旬，黃豆油倉位正讓我焦頭爛額的時候，我接到媽媽的電話：「你爸正在醫院準備動手術檢查癌症。他們說沒什麼問題，沒什麼大不了的。但說還是要檢查一下。」隔天手術後，她又打電話來說，癌細胞已經蔓延到我爸身體各部分，只剩六個月的時間。醫生幫他做了一個大腸終端造口，也要他馬上進行放射線化療。

兩個月後我接到爸爸的電話：「你媽不見了。不知道跑哪兒去。她昨晚出去，到現在還沒有回家。」後來才知道，我媽自殺了。她跳進俄亥俄河，溺水而死。唯一的好消息是，她根本不曉得我破產了，因此原因不是我。她尋短是因為父親病況嚴重，就快死了，她無法接受。如果她是因為我才尋短，我想我也撐不下去，但他們並不曉得我也是狀況悽慘，只是外表看不出來，我們一家還是住在原來的房子，只是沒做原本的工作。他們知道我換了工作，但不曉得原因。

那個時候我爸爸住在療養院，請了一位全職護士照顧。每個週末，我跟我弟弟輪流去看他，我開車下去，看著他走向死亡。最後，他在 1984 年 8 月過世。

　　從 1983 年 8 月到 1984 年 8 月，我賠光所有的錢又負債四十萬美元，賠掉交易所會員、工作、董事席位和執行委員的資格，最後也失去了雙親。我失去所有對我很重要的一切，除了我太太和孩子。那真是非常糟糕的十二個月。

　　說起這些事情，不是想博取各位的同情，而想藉此表達我對虧損本質的重要觀察。我在市場上的虧損，跟我個人生活上的損失並不相同；在拉斯維加斯賭輸錢，跟市場上的虧損也不同，這些損失跟我失去雙親不一樣，也跟我失去交易所董事席位有異。

　　大家可能都曉得，不管你做什麼生意，總是會有損失發生。燈泡製造商知道，每三百個燈泡總會破兩個。水果經銷商知道，每一百個蘋果裡頭總會有兩個爛掉。這樣的損失不會造成困擾，但若是意料之外的損失甚至是失去平衡，那就嚴重了。知道做生意一定會有損失，跟在市場上認賠、承認虧損，則是完全不可同日而語。市場上的人通常很難主動（相對於水果販、燈泡商則是被動地接受）認賠（也就是接受並控制虧損，才不會拖累整個買賣活動）。這是因為損失總是被看做「失敗」，在生活中其他任何領域裡都一樣，損失都帶有負面含義。我們往往把損失等同於錯誤、不好和失敗，而將勝利視為正確、美善和成功。比方說，在學校的考試答錯了，就會失分。同樣地，我們在市場上虧了錢，也會

認為自己做錯了才會賠錢。

在《美國傳統英語字典》中，「lose」的意思是：（一）因為死亡而被剝奪；（二）未能取勝（即輸掉比賽，或者被擊敗）。我們說「輸了」大多是指比賽輸了，但不知道怎麼搞的，輸／贏、對／錯，最後也跟賺錢／賠錢混為一談。然而參加比賽輸了，未必是因為你做錯什麼，也許只是被擊敗罷而已。要是你沒參加比賽，只是個旁觀者，卻還是輸了，那你一定是對於比賽結果投注（或者表達自己對比賽結果的預測），那麼對於這場比賽你也許是賠了錢（或者預測錯誤），但你並未被擊敗。

## 外部損失與內在損失

「損失」有許多不同的類型。廣泛來說，掉了鑰匙是失去，遊戲或比賽輸了也是失去，包括金錢、理智、自尊、自我控制、父母親、賭注和工作等等，也都可能失去或輸掉。但總而言之，「損失」可以分為兩類：一、內在，例如：自我控制、尊嚴、愛、理智；以及，二、外部，例如：賭注、遊戲或比賽、金錢。外部損失是客觀的，內在損失是主觀的。也就是說，外部損失並非是主觀認定或個人詮釋，它是一個客觀事實。而內在損失則是個人（即主體）經驗來界定。換句話說，要是一項虧損對你、我或任何人來說都一樣，這是客觀損失。要是這項虧損讓每個人的感受都不同，純粹是個

人經驗來界定，那就是主觀損失。

比方說，每天都有幾萬人過世，但不是每個人都有「痛失」感，除了少數親友和個人相關者（也就是內在和情感上的關聯）。這種損失是內在損失，源自個人經驗的感受和反應。它是主觀的，而且只能透過個人來經歷。至於，肯塔基輸了一場籃球比賽，不管對於球隊成員或旁觀者來說，都是一個外部的客觀事實。對這兩個人來說，事件本身都是外在的。看了球賽的人都可以告訴你哪一隊輸了，而且任何人看了球賽，也都知道是哪一隊輸了。這個客觀損失，不會因為你的感受或反應而改變，也不會因為誰的評價就有什麼不同，這個事實不受評價所影響，只能被接受。不過對於剛剛提到的球員或觀眾而言，若將球隊的成敗跟自己的尊嚴聯繫在一起，那麼這個外部損失就會被個人感受所取代，於是被內在化。

我們常常把損失、錯誤、不好、失敗看做是同一件事，因此「損失」在日常用語中，被視為負面含義，也就不足為奇了。但是在交易市場上，虧損應該被看做是之前說過的燈泡或爛蘋果，只是業務的一部分，必須淡定處之。虧損不見得是錯誤，損失也未必是壞事。就算是一個很好的決策，也可能產生虧損。同樣地，只是根據小道消息做買賣而賺到錢，反倒是件不好的事情，因為你可能因此更加依賴那些不可靠的訊息（比方說，密報者可能帶來不正確訊息，或者沒

跟你說清楚何時該下車）。

　　市場虧損應該是外部而客觀的損失，一旦你把個人情緒帶進裡頭，它才會變成主觀。自我過度涉入，讓你用一種負面的方式來看待，這個虧損就成為一項失敗，是一個不好的事情、是個錯誤。我們的心理因素跟自我都有關係，要是你在決策過程中能夠排除自我意識作祟，那麼你就能開始控制這種因為心理因素造成的虧損。要防止市場虧損轉化為內在損失，就是先搞清楚這種情況是怎麼發生的，然後才能避免。

## 市場虧損轉化為內在損失

　　了解外部虧損轉化為內在損失的關鍵，是要先分辨「事實」和「意見」的細微差別。根據《美國傳統英語字典》的定義，「a fact」（一件事實）是指已獲客觀證實的事物。事實沒什麼對、錯，事實就只是事實而已。而「意見」是一種個人的評估和盤算，意見的對錯則取決於是否符合事實，所以，有對、錯之分的是「意見」，「事實」沒有。對於業務經營和市場交易來說，用「對」、「錯」來形容是不合適的，也不該說是「贏」或「輸」。進市場做買賣，無關對錯或輸贏，而是你怎麼做決策。

　　決策是謹慎考慮、求取結論的過程，也就是在幾個不同方案之間下判斷、做抉擇，因為在決策進行的當下，事實還

沒發生，也不可能發生，必須仰賴日後諸多事件的揭示才會逐漸成形。因此，決策不是在對跟錯之間做選擇。日後等塵埃落定再回頭來看，決策是有優劣之別，但沒所謂的對錯。在交易市場裡頭，只有表達出來的意見才有對錯，而市場倉位也只是可以獲利跟不能獲利，僅此而已。但由於前面說過的語意上的混淆，很容易把在市場上賠錢看成是個錯誤。如此一來，你把那個跟金錢有關的決策（外部），看做是自己的名譽和尊嚴（內在）。這就是自我意識介入交易倉位，開始以個人情緒看待市場，於是虧損也從客觀存在變成主觀認定，這就不再只是損失一筆金錢而已，而是一種個人的內在損失（就像是你哪個朋友搭飛機失事一樣）。有個市場倉位情緒化的例子是，很多人常常會把賺錢的倉位出清，而賠錢的倉位卻死抱不放。這是因為他們把賺錢和賠錢看做是自己智力或自我價值的表現，要是認賠就覺得是自己愚蠢或犯錯。這就是混淆了金錢價值和自我價值。

用「對」、「錯」來形容市場倉位或交易，可分為三種狀況：一、這是一種意見表達，也是我們都能做的；二、代表市場倉位和交易活動已經被個人情緒化；三、任何虧損（或成功）都會被內在化。還記得一天賺二十四萬八千美元時，我怎麼說的嗎？「我」為自己和別人賺了那麼多錢，「我」好聰明。我當時並不知道，但那時候「我」所做的就是把市場倉位內在化。

## 內在虧損五階段

雖說，把市場虧損和人命死亡做比較，看起來會有點奇怪，通常我們也不會覺得市場虧損等同生死大事（不過經歷那種大賠一百五十萬美元的慘況，還真的讓人想要一走了之），但是經歷市場虧損，跟人在面對死亡時的心理過程竟是驚人地相似。父親病危的時候，有位朋友送我一本討論絕症病人的書，叫《死亡與臨終》（On Death and Dying），作者是伊莉莎白·庫伯勒－羅斯（Elisabeth Kubler-Ross）。她採訪過兩百位絕症病人，確立病人在得知病情之後的五個心理階段。我們在很多人面對個人重大不幸事件時，例如配偶或孩子過世時，也都會看到相同的五個階段。我認為虧損內在化的過程也與此相似。而本書既是討論市場交易，就稱之為「內在虧損五階段」。以下扼要介紹每個階段，並參照我個人在黃豆油交易時的相同特徵。

### ● 否定

聽到自己身罹絕症，病人的即刻反應是：「不，我沒有。不可能。」有些病人還會「貨比三家」尋求更多醫生的診斷，希望找到別的意見來安慰自己，刻意忽略那些跟原來一樣的診斷，而強調比較樂觀的意見。

1983 年 9 月到 10 月間黃豆油逐步低挫時，我的反應也是如此。那時候我正在賠錢，卻一味地否認行情已經反轉。

我只是覺得很火大，以為這應該是讓我獲利千萬的好買賣，記得嗎？10 月時我的虧損已經到了賠掉本錢的地步，但我甚至都不曉得自己是賠了多少。這就是個人情緒化的否定。要是賺錢，一文一毛你都算得清清楚楚，賠錢卻不願或不敢坐下來算清自己賠掉多少錢，那麼你就是在否認虧損。我當時也會去問別的交易員對行情的看法，這也是「貨比三家」、病急亂投醫。而且，當然，那些看漲的我才聽，看跌的就自動忽略。

### ● 憤怒

當事情再也否認不了時，代之而起的是生氣（憤怒、忌妒、怨恨）。怒氣擴散至四面八方（例如：護士、家人、醫生、治療），隨機投射到任何情境。我對挫折鬱積的怒氣，主要就是發洩在家人身上。有一陣子蓓特跟孩子們看到我像看見瘟神似的。

### ● 討價還價

在無法面對現實的第一階段和怨天尤人的第二階段後，病人會想要透過某種妥協來延緩必然的結果：「如果上帝決定把我從這個地球帶走，而且不願回應我的憤怒，也許他是要我好好地請求。」1983 年 9 月，我跟自己約定，只要行情反彈回升到 8 月底的水準，我就會平倉離場。到了 11 月，

我只求不會賠本就好，希望自己可以回到之前沒做黃豆油交
易的時候。

### ● 沮喪

沮喪憂鬱是種複雜的心理失調障礙，對之長篇大論恐怕
是逾越本書範疇。一般來說，揮之不去的悲傷情緒、疏離自
我和親人、飲食和睡眠習慣的改變、欠缺活力、注意力不集
中、優柔寡斷和拒絕聽從建議等等，都是沮喪憂鬱的徵狀。
我當時沒去看醫生，所以不知道自己是否真的罹患憂鬱症，
但 1983 年那個秋季我的確有許多類似徵狀。黃豆油倉位讓
我精疲力竭，睡不著、吃不下，四個禮拜就瘦了十五磅，對
過去喜歡的事情全都興趣缺缺，時時刻刻都覺得非常疲倦，
無法專注於工作，更不願聽從那些叫我趕快認賠出場的意
見。

### ● 接受

最後，病人會屈服於必然的結果。在這個階段中，溝通
比較不依賴語言。庫伯勒－羅斯指出，「接受」幾乎是不帶
任何情緒，只看到屈服和放棄。有些病人會戰鬥到最後一
刻，始終抱持希望，幾乎不可能到達接受的階段。越是努力
躲避必然的死亡，越想去否定它，就越難抵達最後這個階
段，可是誰也躲不掉啊，最後終究還是會到來。同樣地，交

易員最後也要面對無法逃避的現實,「接受」虧損,可能是自己「覺悟」了才認賠出場,或者是旁人迫使他不得不出清倉位。以我的狀況來說是後者。如果不是旁人的逼迫,我絕對不會接受,認賠出場。

絕症病人在歷經各個階段時,往往還是會抱著希望。即使是最認命的病人都會盼望著一絲希望,也許是發現新藥物或新療法,或者期待著什麼新研究在最後一刻成功。他們對那些帶來希望的醫生抱持無限的信心,儘管聽到壞消息,還是會從中找尋希望。我跟別的交易員交換意見時,往往只注意那些跟我的倉位有關,尤其是有利的訊息。

## 內在虧損五階段和市場參與者

市場倉位內在化而出現虧損時,交易員就不知該如何是好(就像絕症患者聽到惡耗之後手足無措),然後就會進入內在虧損的五個階段。他會否認這是個損失(「不可能!市場怎麼會跌成這樣?你沒看錯嗎?」),認為這套交易仍然有利可圖,只是還沒步上正軌。他會對經紀人生氣、對老婆發火、怨天尤人地咒罵市場,然後就開始跟老天爺或者市場討價還價,只要行情回升不讓他賠本,他一定馬上平倉離場。接著,對於賠錢的倉位感到沮喪抑鬱。最後,就該認命啦,可能是自己清醒過來,也許是終於聽從分析師的建議賣出,或者是號子幫他斷頭強迫平倉。

市場參與者並不一定會按照順序抵達接受階段，有些人可能在行情短暫回升之際獲得緩解，一再地跳回否定階段。市場稍見反彈，他就認為行情終於反轉了。等到行情再次滑落，他也再度陷於否定，然後感到憤怒，如此循環反覆。每次短暫回升，都讓他一再重複這些階段，而過程中虧損也越來越大。

就算是倉位仍然賺錢時，交易員或投資人也可能經歷這五個階段。比方說，市場倉位雖然還是賺錢，但已經賺得沒以前多時的情況。這種狀況出現時，投資人可能還是念念不忘之前的高價，那時候這個倉位的獲利最多。他會否認行情已經結束，當市場屢現賣壓時，他的反應是生氣、憤怒。然後他不知道要跟誰討價還價，發誓說只要行情再回到高點，他一定馬上獲利了結。接著，他會因為沒有及時脫身而感到沮喪憂鬱，猶豫遲疑，甚至拖到賺錢的倉位反而出現虧損。於是乎又回到否定階段、怨天尤人，等等，陷於惡性循環，導致虧損一再擴大。

我的黃豆油交易就是這樣。每次市場反彈，我就鬆了一口氣，以為跌勢已經停了。挨過每段下跌之後，我彷彿才剛進入市場，倉位才剛建立，以為自己會從新角度、新標準來檢視、判斷市場行情。

## 個別事件與連續過程

從本章前述可知，有些人真的會把外部損失內向化，球員和觀眾都可能把球賽結果，視之為個人尊嚴或成敗在此一舉，因此把原本應屬外部的損失內化為心理情緒，但要對一場籃球的結果經歷否定、憤怒、討價還價、沮喪和接受等各個階段，雖不能說是不可能，但還是比較難以想像。為什麼呢？因為球賽是個別事件，有明確的結束。至於另一種沒有明確結束點的活動所造成的損失，要把它從外部轉而內向心理化就容易得多。這是因為連續過程中所產生損失，跟任何內在損失一樣，沒有預定的結束點，因此也就容易內化。

在這個連續過程中，參與者必須不斷地做決策，而這些決定都會影響到賺、賠。反之，個別事件（如一場足球賽、賭輪盤、二十一點或其他賭場遊戲）都有明確結局，這正是外部損失的特徵。個別事件造成的損失很明確，不能讓你任意解讀。要是我賭肯塔基籃球隊贏球，但它卻輸掉比賽，那我就是賭輸，這是個別事件造成的外部損失，沒什麼可以說嘴爭辯的。或者，我賭輪盤押在黑色二十一，球落在紅色十七，那我就是輸了，沒什麼可說的。

交易市場則屬於連續過程的範疇，因為市場倉位並未設置預定的結束點。當然市場每天都有確定的開、收盤時間，但市場倉位並不因此而消失，實際上是可以永遠持續下去。儘管市場虧損應該是外部損失（錢本是身外之物，並非我們

內在），但因為它是個連續過程的結果，也就容易被情緒內化。在連續過程中，市場倉位沒有明確的結束點，既不知何時，也不知道會在什麼狀況下結束，這種對於未來的不確定，很容易觸發內部損失的五個階段，意即這個損失會逐漸被個人內化和主觀看待，因為在市場中賠錢是個連續過程，沒人逼你承認它是個損失。在這裡頭就只有你和你的錢，而市場則變成一個默不作聲的小偷。只要你不認賠出場，你可以自欺欺人地以為那個倉位會賺錢，只是還沒步上正軌而已。那個倉位可能正在賠錢，但你會告訴自己，還沒賣掉就不算賠錢，投資股票的人尤其會有這種想法，因為你真的擁有那些股票，又不必應付什麼保證金催繳，就更沒人逼你承認這是個損失。

　　現在我們用一個例子來說明個別事件與連續過程的差異。如果賽馬在比賽中途會先暫停，再次開放窗口讓你投注，你是會賠掉更多錢，或者賠比較少呢？也就是說你會有兩個選擇：一、是留著原來的投注不變；二、是你可以再下注押另一匹馬。在比賽之前你參考賽馬資料，說：「好吧，四號真是匹好馬，可是賠率只有三比二（意即押兩元賠三元），我不賭這種大熱門，因為報酬太低了。我覺得七號很不錯，牠是五比三，而九號也還可以，賠率七比一，所以我押九號。」比賽到一半時，誰領先？七號。要是此時比賽暫停，重新開放下注，你會怎麼做？你會說：「我就知道！我

一開始就喜歡七號，我應該押七號的。」於是你又去押注，賭七號贏。結果呢？最後四號贏啦。而交易市場就是從來都不關閉投注窗口，你可以不斷地下決策、不斷地加碼押注。

以前幫傑克‧沙門主持克里夫蘭辦公室的時候，我也曾經有過把外部損失內向心理化的經驗。有一次，我有好多位客戶要放空木材市場。他們都是現貨木材的避險大戶，對市場熟得不得了。他們分析說市場已經超漲，馬上就要下跌，跟我的看法一致，所以我們就放空了，然後呢？市場大漲。開盤就漲停，而且連續四天漲停板。期貨市場中根本沒人買賣，所以我們的空單也補不回來，直到第五天才又有人買賣，但我們還是不出場。想等著看市場會不會開始回跌。結果，還是沒有。又過了幾天，盤中雖然頗見交投，但收盤還是漲停，我們只好全部認賠出場。老天啊！真是太可怕了，整個辦公室的資金去了九成。

我打電話向聖路易的傑克‧沙門報告：「哎！我剛把辦公室毀了。錢都賠光了，也沒業務好做。全完蛋啦，都被我毀了。」

「是怎麼啦？」

「我們拋空木材，結果市場一直漲，而且……」

「喔，誰說要拋空的？」

「客戶啊，可是……」

「那好吧，有幾個客戶控告我們？」

「沒人控告我們啊。他們都是好人，不會去控告誰的。可是……」

「我們有負債嗎？」

「我們沒有任何負債！可是你沒聽懂嗎？我們把錢賠光了！」

「別急啦，你聽聽看，我這樣說對不對。沒人控告我們、沒負債，也沒有客戶不滿。」

「對。」

「喔，那只代表你還要繼續努力嘛，小子。你還要再多打電話找客戶。這都是業務的一部分啊，交易就是這樣子。有時候會賭錯邊，賠個精光，然後經紀人就要決定，『你還想不想留在交易市場？』不想做了？那就滾吧！要留下來？那沒問題，就繼續做啊。」

我那時候不但沒看清虧損只是交易的一部分，甚至還把別人的虧損內在化，把自己賭上去。我當時要是能了解這些道理就好了……。

# 第七章　風險的心理謬誤

以為自己是在投資的，大多數是在投機；以為自己投機的，大多數是在賭博。

——無名氏

1981 年夏季的某一天，我跟夥伴賴瑞·波德里克和一位我們最好的客戶，康拉德·皮奈特（Conrad Pinette）一起去拉斯維加斯。皮奈特是法裔加拿大人，在一家很大的木材公司擔任經理。他很有錢，百家樂（baccarat）賭很大。我們到拉斯維加斯住希爾頓（Hilton），也是因為他喜歡這裡。我跟賴瑞是第一次進拉斯維加斯的希爾頓，他們根本不曉得我們倆是哪棵蔥，但他們都認識康拉德。他是個大戶，大家都很喜歡他。在拉斯維加斯大家最喜歡的就是愛賭的人，而康拉德就很愛賭。

康拉德跟我們在飯店大廳碰面，第一句話就問說：「你們兄弟倆想玩多大？」我說：「我不知道。」「那麼，我幫你們設定一萬，如何？」「一萬？美元嗎？」我可不想輸掉一萬美元啊。「哎呀，反正我們會幫你定個額度。別擔心囉。」所以等我進了賭場，在一張紙上簽個名，他們就給我兩、三千美元的籌碼。簽名就有籌碼耶，「哇，真酷！」我心裡想，好像自己有沒有那筆錢都沒關係。

康拉德想先「暖身」一下再去玩百家樂。他的暖身是玩至少五十美元一局的二十一點。一局的時間，我當場內交易員大概可以做二十、三十或四十口的買賣，賺賠可達一千、三千甚至五千美元。

那才是大錢啊，所以一局五十美元的二十一點也算還好啦。可是等我坐上賭桌，那五十美元看來像是大得不得了，腦子裡一直在想：「我這麼五十元、五十元一直賭，是在幹呢？神經病嘛！」但我們是在應酬客戶，賴瑞跟我都希望他玩得爽快。結果半小時暖身我輸了五百美元，我說：「呃，不太妙……這個不好玩。我暖身也暖夠了，咱們去玩百家樂吧。」

百家樂就不同啦，十五世紀以來就是法國和義大利有錢人的遊戲。1981 年我也是個有錢人，所以我也想玩。在賭場裡頭，百家樂都設在邊邊一角，用紅絨繩圍起來，得特別解開你才能進去玩。這裡可是大戶在玩的，平常的阿貓阿狗只能擲擲骰子、賭賭輪盤。而大戶們坐在這些華麗氣派的桌子旁，有辣妹特別服侍，想喝什麼就有什麼。百家樂賭桌上提供名牌酒品，我喜歡！

紅絨繩的旁邊有個小伙子跟我們打招呼：「皮奈特先生、保羅先生、波德里克先生，歡迎各位，很榮幸接待你們！」我們坐下來，又簽了小紙片，那位先生馬上推了一大堆籌碼到我們桌前，以前沒玩過百家樂，但在詹姆斯·龐德（James

Bond）的小說《金手指》（Goldfinger）上讀過。玩百家樂實際上只須決定要押誰（莊家、閒家或和牌），還有押多大。玩二十一點，除了決定賭多大之外，你還要做選擇，例如要不要再叫牌。但百家樂的牌沒得選，它的玩法已經幫你做了所有決策，這種完全就是機率遊戲。荷官發牌給雙方（莊家與閒家），至於要不要發第三張牌，完全依照規則。比賽以牌點加總達九點最大（十、J、Q、K 都算零），而荷官會要求所有押注的賭客遵守死板的規則。

百家樂賭客的策略類似於市場中的交易員，都要尋找趨勢。賭客會拿到一張記分卡，卡上分列「莊家」、「閒家」與「和牌」三個直欄。每局結束後，賭客會把結果登記在記分卡上，在贏的那一格畫個「X」。大家都在等著莊家或閒家連贏的情況，比方說莊家三連勝，那麼第四局就會繼續押莊家。康拉德一直向我們說這些東西，大多我也不是很明白。不過他在這裡可是個大戶，所以應該是真的很懂吧。

我押最低注二十五美元，玩起「等待連贏」的遊戲。結果我跟著那隻米老鼠，等著、等著，就輸了大概兩千美元。這時候我已經覺得很無聊，而且也相當火大。兩千美元可不是小數目啊。兩千美元可以幹什麼，我雖然不盡明白，但我想得到的就有不少，比方說買兩雙高檔的盧凱塞（Lucchese）靴子或一管新獵槍。

後來，到了凌晨三點，來了個新荷官，連發牌筒也換了。

新牌筒的頭兩局，都是閒家贏，康拉德看著我們說：「兄弟
們！到了喔。我有感覺，就是這個，會有一次連贏。」於是，
他把賭注加倍（每次押一、兩百美元），我還是押二十五，
但都押閒家。閒家果然贏了第三局。接著我押五十美元，閒
家又贏了。然後我押一百美元，閒家再贏！結果閒家連贏
十六局。幸運的是，大概在第十或第十一局開始，我們把一
些錢收起來，也減少押注。最後康拉德賺了約四萬美元，波
德里克和我都賺了七千美元左右。

在拉斯維加斯的凌晨四點，我們突然有這麼多錢，天上
掉下來的！在拉斯維加斯突然得到這麼多你不需要、你根本
沒想到，也不管明天還在不在的錢，可是會惹上許多麻煩
的。

生命中充滿了風險。過馬路有風險，開車有風險，結婚
有風險，生小孩也有風險。不消說，創業和做生意有風險，
參與市場交易也有風險。風險的定義是遭受損失的可能性
（如果損失發生的可能性能用數字表示，稱為「機率」）。
生命中沒什麼事情是保證成功，或者一定會照你的意思來
走。我們感興趣的風險，當然是在金融方面，會產生金錢虧
損的風險。

大多數人不知道自己做的是投資、投機還是賭博，在沒
經過適當訓練的人看來，這些活動都很類似。回想我的拉斯
維加斯之旅，我發現賭場和交易號子之間的相似，業務員就

是主持賭博的荷官，業務員抽佣等同於賭場分紅，看盤室當然就是賭場本身，而證交所和報價機則是開寶和投注設備。然而市場和賭博的類似，僅在於它們都跟可能性和金錢損失有關係。從法律上看來自是有異，由經濟意義而言也大不相同。最大的區別是：賭博活動自行創造風險，而投資／投機則是承擔及管理本已存在的風險。

### 本來就有的風險

既有風險是自然出現的，不管是具備組織或無組織的市場中都會有。管理大師彼得・杜拉克說這是「風險是與現有資源投諸未來預期心理同時出現」。無組織市場就是我們做為一般消費者，在平常生活中去的那種市場，例如：百貨商場、雜貨店和加油站。生產者在提供財貨予消費者的同時，要承擔相關的財務風險。而有組織的市場是指集中式的交易所，包括股票、債券、外匯、選擇權與期貨的櫃台市場。

### 自己創造出來的風險

自創風險是人為產生的潛在金錢損失，這是你自找的，否則不會發生。自創風險不是伴隨著某項活動而自然衍生，事實上轉輪盤、足球比賽或跑馬競賽本身並不衍生金錢損失。

一般而言，既有風險和自創風險固然有其分別，但深入

檢視後會發現，當我們涉入其中時，這個區別不在於活動本身，而是進行活動時的某些特徵。

以下將說明五項活動，及其活動特徵，

❶**投資**，有兩個要項：你希望安全無虞的本金，和適當的報酬，如股利、股息、利息或租金。由於資本的報酬是在某期限支付利息或股利、股息，投資活動也必須持續一段較長時間。因此，投資通常具備相對較長的時間跨度。退休基金投資股票可能是準備無限期地持有，或者購買債券之後一直持有至到期日。

❷**交易**，基本上就是某人（通常稱為交易員）針對特定金融工具創造出一個市場。從這個市場中，交易員想獲取的是買、賣價差。證券交易所中的個股交易員（specialist）就是個好例子，他會撮合買、賣單，維持市場秩序，願意接受特定報價買進或賣出。在期貨及選擇選交易所的交易員，也是透過接受買賣報價來拉攏雙方形成一個市場。股票和債券櫃檯市場的交易員也都一樣做這些事情。就其基本定義而言，交易活動即是創造市場。本質上，交易員應該看法持平（既不看多也不看空），經由買、賣之間的價差來賺錢。就此而言，我在木材和歐洲美元交易場的朋友史都・金寶就是秉持機械式交易方法的完美交易員。

❸**投機**，最簡單來說，投機的買進是為了轉售，買進大宗商品不是為了使用，買進其他金融商品也不是想要獲取它

的衍生利益。進行投機活動時，我們對於本金的要求是希望它會增長。本金的增長就是投機客的唯一「報酬」，他並不要求特定期限派發的股利、股息或利息。「speculation」（投機）這個字源於拉丁文「specere」，意思是「觀看」。「speculating」同時有「預見」（vision）、「感知」（perception）和「理智檢視」（intellectual examination）等意思。

❹**簽賭、投注**，是兩造針對某不確定事件提出自己的預測，猜錯方必須將約定財物讓予猜對者，所以簽賭投注就是看對錯來定輸贏。比方說，有人會針對選舉或球賽結果簽賭投注，但他們打賭某人或某球隊會贏，常常不是因為那個人或球隊可能會贏，而是反映著投注者的盼望，他們就是希望那個人或球隊會贏得勝利。對於籃球比賽的結果，我一向賭肯塔基隊會贏。要是我考慮到什麼比數差點之類的資訊，那就是投機臆測。如果我是個組頭，同時接受正反雙方的簽賭，並努力保持投注雙方的平衡，以賺取佣金，就會像是對行情不抱持多空看法，同時接受買、賣雙方報價的交易員，從價差賺取利潤。

❺**賭博**，是簽賭的衍生物。賭博是以金錢押注遊戲、比賽或事件結果，或者是以金錢或其他財物進行跟運氣有關的遊戲。賭博通常涉及跟機會有關的遊戲或比賽，有時候同時包含技巧和運氣。儘管一般認為賭博有違善良風俗，但也是

一種娛樂。沉迷賭博當然是傷財又傷身，但沉迷於任何事物恐怕也是如此。賭博的人可能贏錢，但那個賭的樂趣或娛樂也不會因為沒贏錢而被剝奪。在賭場輸掉幾百美元的人，知道那些錢就好像是支付娛樂費，也覺得值得，而他們在參與的過程中體驗到行動和刺激。

## 行為特徵決定活動

不要以為你參與市場活動，就必定是在投資、交易或投機。市場本身不會讓你免疫於簽賭甚至是賭博。要決定你所做的是上述五種活動中的哪一種，取決於你表現出來的行動特徵。賭博、投資或交易並不是由活動本身（例如：打牌、買股票或交易期貨），而是要看我們如何進行這些活動，並非打牌就是賭博，買股票也未必就是投資，而期貨買賣也未必都是交易。

賭博和簽賭常常是跟比賽或遊戲有關，例如：賭場遊戲、體育競賽、賽馬、吃角子老虎、賓果遊戲，等等。簽賭者和賭客可以是從事遊戲或進行比賽的參與者，也可以只是個觀眾，但最顯著的特徵在於簽賭者期待自己猜對、押對的滿足感，而賭客也很享受猜測的樂趣。

簽賭的人感興趣的是證實自己正確。他的自我杌隉不安，也許是某個球隊的鐵桿粉絲，或者鍾情於某個市場倉位，或是自傲於某種看法。市場分析師也常常掉進這個陷阱

裡頭，對行情方向或某支股票的價格表達特定看法之後，就很難甚至不可能放棄既定觀點。這時候的分析師不希望自己是錯的，也不想讓人家以為他很蠢，那他就等於是在簽賭。

賭博最直接的目的是為了娛樂，享受簽賭時的興奮感。藉由賭博來逃避平常生活中的單調與無聊，滿足渴望刺激（例如腎上腺素增加、血壓升高）的欲望，以興奮、激動取代日常生活中痛苦的無聊。賭博明顯的特徵是涉及一些未知的事件，純粹只是在碰運氣。金錢就是玩這場遊戲的門票，因此輸贏不是很重要。賭博求的是興奮感，簽賭看重的是自己的對錯，而投資、交易和投機則是為了錢。賭博時想贏錢，是因為你要玩場遊戲、想繼續賭下去就需要錢。此時，金錢的唯一好處就是可以拿來賭。

一般所見的賭博活動所提供的滿足，跟其他遊戲也沒兩樣。賭客注重的不是玩什麼，而是在於「玩」本身。什麼賠率、勝算、期望值，根本都無關緊要。在撲克牌桌上，總會看到有些人每局都玩，雖然手上還欠一張好牌可以搭成順子，但機率再好也只有十二分之一，有時候所需的牌已經出現在其他玩家手上，勝算更低，但賭博的人才不管這些不利狀況，照樣勇往直前。我跟賴瑞陪著康拉德在拉斯維加斯時，看到許多賭客在輪盤桌上拋擲大把金錢，但他們一點也不在乎，只要好玩、有趣又興奮，錢不是問題。

各位必須明白，並非所有參與賭博遊戲的人都是賭客。

所謂的「職業賭徒」，也是以賺錢為目的，在押注時的細心、專注且嚴守紀律，跟一般賭客完全不同。他們的押注有其系統化的方法，通常只有在罕見且非常有利的狀況下才會出手。職業賭徒嚴格地控制自己的行為，對於他所選擇的賭戲通常研究得非常透澈，才會有如此表現。他們會挑選技術能夠提高勝算的遊戲，例如二十一點和同注分彩（parimutuel betting）的遊戲，精於算計風險，就像在股票市場中進行套利。他們都是靠預測能力對付不確定結果，以謀取利益，換句話說，這就是投機。從他們靠賭賺錢的特徵來看，職業賭徒就是投機客。他們跟一般賭客不同，不是為了尋求消遣娛樂，也不是想證明自己是對的，而是想要賺錢。

現在來看看愛德華‧索普（Edward O. Thorp），《打敗莊家》（Beat the Dealer）的作者，他是個數學教授，利用高速電腦設計出一套很有效的牌點計算系統。後來他在拉斯維加斯玩二十一點贏了很多錢，逼得賭場協會因此改變遊戲規則。雖然索普是在打牌，但他不是在賭博，而是個專業的投機客。或者也可以想想《商業週刊》（Business Week）有篇報導，說某個企業家開設一家小型服務企業，公開上市後賺了兩千萬美元，又轉而開設另一家企業，結果卻賠光了。他說：「賭博和創業之間存在著相當緊張的關係。」誤將創業和賭博混為一談。這位先生不是在企業經營上投機，而是在賭博。既然是賭博，那麼瓦罐自是不離井邊

破。他把所有的資金押在那家企業上，就像我在黃豆油交易上投注太多。要是有人熱中於追求創業冒險，或者是在金融市場上尋求刺激，那麼不管他對結果有多大的控制程度，都是在賭博。

如果你能在賭場中找到投機客，那麼股市或期貨市場中的客戶、經紀人或分析師裡頭，其實也有人是在賭博或簽賭。之所以說是簽賭或賭博，是根據他們如何參與市場而定。他們表現出簽賭或賭博的特徵嗎？如果是的話，不管他們以為自己在做什麼，或說自己在做什麼，其實都是在簽賭或賭博。

## 危險的結合

正如本章開頭引言所示，大多數人都不曉得自己承擔的風險是本來就會有，或者是自己創造出來的。再加上無法明辨前一章最後所談的個別事件或連續過程產生的虧損，那就只好等著大難遲早臨頭。各位可以回想一下，就個別事件如賭博或簽賭而言，這些冒險活動都有明確的結束點，而既有風險的活動則是連續過程，沒有預定的終點。比方說，經營企業讓你持續暴露在某種風險裡頭，而這個風險是因為對未來預期投入資源才產生的。單一買賣大概都有開始和結束，是樁明確的個別事件，但營運本身則是個連續過程。同樣的，市場倉位也是個連續過程，因其缺乏結束期限的不確定

感，就容易使得外部虧損轉而內向化。另一方面，自創風險的活動都是個別事件，諸如體育競賽、政治選舉或者投擲骰子等，一旦比賽終了、競選落幕或骰子靜止不動，就都結束了。

簽賭和賭博符合個別事件，但並非連續過程。要是你在簽賭和賭博時，出現連續過程的行為特徵，很可能就要遭受重大損失。在簽賭和賭博遊戲中，你下注是為了證實自己是對的，或者想要領受一些興奮、刺激。由此而產生的任何金錢損失雖是真實，但都是被動的，因為這些個別事件本身都會結束。反之，市場倉位則是個連續過程，除非你自己離場，不然它不會結束。要是你抱著相同心態，下注後就傻傻地一直耗下去，就很可能要賠很多錢。簽賭和賭博是你不再繼續玩，損失就會停止。但在投資、交易或投機活動中，處於虧損之際，就算你不再有動作，虧損也不會停止，甚至是幾乎無止境地擴大下去。

## 心理謬誤

我們都知道一些日常生活中會碰到的風險，而評估和管理這些風險也是日常中必要的事情。「機率」就是用來估計風險的數學，而各位也知道我對數學觀感如何，所以我也不準備對此長篇大論，只是要特別指出我們對於機率某些常見的誤解，以及某些一廂情願，自以為勝算很大的心理扭曲。

這一節要以幾個例子說明我們對機率的常見誤解，並說明它們如何誤導交易策略和市場倉位。在個別事件中，這些心理謬誤都屬有害，一旦出現在連續過程中更是災難。以下即是涉及風險和機率時，大多數人常見的心理謬誤。

● 第一個心理謬誤是，機率低而金額高的彩金常常被高估，機率高而金額少的彩金則被低估。跑馬賽中，最熱門和最冷門的差別正是最好的例子。

● 第二個是連續獨立事件的機率，常常誤以為是加法而非乘數關係。也就是說，很多人以為擲骰子連續擲出兩個相同點數的機率，是只擲出一次的兩倍。也有人以為連續擲出四次六點之後，下一次要擲出七點的機率也會增大。

● 第三是以為連續成功之後，必定會有一次失敗，這是數學上的必然，反之也是如此，這叫做「蒙第卡羅誤謬」（Monte Carlo fallacy）。事實上兩顆骰子可以連續十次擲出雙六，這並不違反機率理論，因為每次投擲都是獨立的，跟前後事件毫不相干。

● 對於有利事件的發生機率的心理認知，會高於實際上的數學概率，反之亦然。比方說，如果簽中樂透的機率和被閃電擊中都一樣是萬分之一的話，我們還是會以為中樂透的機率比雷擊還高。

● 我們觀察日常發生的隨機事件，受到各種不同事件發生頻率所影響，對於不常見的事件比較注意，而常見事件則

不太在意。因此那些一長串的連續成功或失敗就容易被記住，而較短期連續事件則否。

● 第六是我們常把「不尋常」事件和發生機率低的事件混淆在一起。比方說，打橋牌拿到十三張黑桃，其特異之處在於一致性，而非稀有（事實上任何一手牌的機率都是一樣的）。再比方說，要是你的彩券號碼就在頭獎隔壁，一定覺得特別倒楣。

## 一些例子：

### ● 獨立事件

百家樂的發牌筒並不知道自己發過什麼牌，因此每一副發出的每一張牌都是統計上的獨立事件。事實上，我們可能會以為根據大數法則，每邊獲勝的機率應該都是一半、一半，既然如此，一旦出現某方連勝的時候，應該要壓另一方勝才是。但玩百家樂的賭客還是認為，這些隨機出現的牌彼此有關係，因此會出現連勝的狀況。

### ● 風險、風險暴露與機率

「風險」是指發生損失的機會或可能性。大多數人都誤以為這樣的機會可以用數字來表示，而把風險和機率混淆了。我們在市場中所看到的是獨特而不可重複的事件，無

法對其發生與否賦予機率。以統計術語來說，這種事件屬於「個案機率」（case probability），而非類別機率（class probability）。這表示市場事件其實是算不出發生機率的，事實上你只能就行情會不會到達某個特定價位，來研判自己的風險暴露。因此，你能做的就是管理自己的風險和損失，並無法預測獲利。

### ● 金錢勝算與機率勝算

市場參與者最常見的謬誤，也許是分辨不清金錢勝算和機率勝算。許多市場人士都以風險報酬比（risk-reward ration）來計算成功的機率。比方說，在我那支有名的併購股（下一章各位就會知道這個故事），我以每股二十六美元買進，在二十三美元設定停損賣單，然後我準備在三十六美元賣出。因此我的風險報酬比即為三比十。拿三塊錢冒險，可以賺十塊錢。很顯然，我不懂機率，而把這玩意算得有模有樣也不會讓我的交易倉位自動具備勝算。這個三比十的比率，跟股價會不會漲到三十六美元的機率完全無關，只代表著我可能賠掉的金額和我以為自己可以賺到的金額，但它跟任何事情會不會發生的機率都沒關係。

### ● 有些錢看起來特別大

為什麼玩二十一點時，錢看起來特別大？因為我習慣的

是交易場上的價位跳動，而不是上頭印有二十五美元或一百美元字樣的賭場籌碼。一般狀況下，使用籌碼會讓人輕忽金額的嚴重性，這是一種心理花招，對大多數人都有效。但我本來在市場上光用喊的就能處理幾百、幾千美元的交易，這種方式才不像是錢。等我真的拿著兩個二十五美元的籌碼下注時，倒像是真錢了。

在市場上跌掉兩千美元，跟玩百家樂輸兩千塊很不一樣。百家樂輸掉的錢要痛得多，而且，賭百家樂贏七千美元，好像也比在市場上賺到同樣金額還爽。為什麼呢？因為我在交易所裡頭本來就是要賺那樣的錢，但在百家樂裡頭，這像是從天而降的禮物。這也表示從賭場贏來的七千美元，會比市場獲利更容易揮霍掉。那天晚上，康拉德、波德里克和我帶著那些贏來的錢離開，剛好碰上康拉德一位也當經紀人的朋友，他一直希望能接到康拉德的生意，我們想去拉斯維加斯最頂級的餐廳，那位經紀人說沒有事先訂位，而且是臨時才決定過去，一定找不到位子。但我們不管，還是去啦，我塞了幾張百元大鈔給領班，當然就有位子了。花六百美元嗆那個經紀人，很值得啊。這錢不是辛苦錢，我們根本毫不吝惜。這些百元美鈔跟我在交易場上賺的，似乎不是一樣大。

## ● 獲利動機或預言動機？

這世界上，有兩種獎勵：一是名、二是利。你在市場上

根據事實猜對每一次行情，是想獲得大家的讚許，還是想在市場上賺錢呢？你感興趣的是，是心理上的獎賞，還是金錢上的報酬呢？你是想證實自己是對的，或者想賺錢呢？你在市場上的努力，是出自預言動機還是獲利動機呢？要回答這些問題，你要搞清楚自己是哪種參與者：簽賭者、賭徒、投資人、交易員或投機客。不管你是對政治競選結果提出預測、在賭桌上玩二十一點、購買股票、在交易場中做買賣或者從你的「青鳥漫遊家園」房車玩期貨，都不是從活動本身，而是根據你表現出來的行為和特徵來判斷。你所表現出來的特徵，會決定活動本身的性質。

進行博弈或參與市場的活動本身，都可以是個目的或者只是個工具。有些人從事賭博或進入市場是為了行情起落帶來的刺激和興奮（這是賭徒），或者有些人是為了那種高人一等的虛榮，顯示他們更奸詐狡猾、更有手腕來玩這場遊戲（這是簽賭者）。對於想要賺錢的專業人士來說，這些活動都是工具（這些是投機客、投資人或交易員）。

有一天早上，我和喬‧西格爾在交易大廳，有一位正在度假的客戶打電話過來。

「今天木材行情如何？」

「漲停板。」

「怎麼了？」

「因為西北部的暴風雨，使得木材廠很難出貨，因此現貨市場表現非常強勁。」

「現貨現在多少？」

我跟他說二乘四白冷杉（white fir）、西部雲杉－松木－冷杉（western SPF）板材和綠花旗松（Douglas fir）的價格，又繼續讀著一些新聞電訊。花旗松的「綠」係指新伐材木（因此還沒乾），所以英文也以「綠色」形容新手、菜鳥。

但那時候西格爾看著我說：「我可真是不明白，為什麼那種木材漆成綠色就比較貴。」

我簡直不敢相信，這會是喬·西格爾說的話。他在木材交易場上的期貨買賣比誰都要多，但他竟然不知道新伐材木和烘乾材木的現貨價格會不一樣。我不知道他是不是在開玩笑。但回頭想想，我現在才了解，他就算不知道綠材木並非漆成綠色，也一樣可以成為成功的交易員。因為他買進、賣出的週期很短，只需要一些短期資訊即可做決策，諸如訂單量、行情變化等等。他不必讓那些適合投資人的長期資訊干擾他的交易。他知道交易員和投資人是不一樣的。

# 第八章　心理群眾

**人對不確定的事情感到非常不安。為了消除這種不安，就會以確定之事取代不確定，創造出一種虛假的安全感。這後來就變成群眾本能。**

　　　　——班尼特·古史畢（Bennett. W. Goodspeed）

　　1980 年夏季的某一天，我的合夥人賴瑞·波德里克打電話跟我說：「喂，吉姆，我的股票經紀人打電話報了一支明牌，我們一定要買這支股票。」這家我不記得名字的公司（我早跟你說過，我做過好些自己都不記得的投資）據說有人要收購。那個經紀人說，「據說」收購行動開始之後，這檔股票會在六十天之內飆上六十美元，當時它才二十五美元。

　　當時我們就看了一下，這檔股票有什麼選擇權可以買。約定價三十五美元的買權（call）當時自屬價外（out of money；譯按：指約定價不及市價），而且相差甚遠，時間溢價也很低，如今交易價在 1/16 或 1/8 美元。你買個幾千口也花不了多少錢。很好，我們最愛幾千口、幾千口地敲進，所以我們真的買了幾千口這檔股票的買權，而且我跟後來做黃豆油時一樣，我認識的人幾乎也都跟著我買進幾千口買權。我們所有的客戶和熟人朋友，總共大概買進了幾萬口這

檔股票的三十五美元買權。我會打電話給我的期貨客戶說：
「快啊！我是不能賣你這個東西，但相信我，快打電話叫你
的股票經紀人幫你買一些。」他們聽到我自己不賣，也不會
因此賺到錢，他們會不信嗎？當然信啊！

於是大家都搶進該股的買權，我們認識的每一個人都
進去敲了。然後股價開始動，二十五、二十六、二十七、
二十八、二十九美元……成交量也跟著放大。選擇權行情也
開始波動，儘管此時也還不到一美元。但這玩意你要是有
兩、三千口，它只要從 1/16 美元漲到 3/4 美元，那可就賺
不少了。我利用約定價三十五美元的買權總共敲進三十萬
股，要是真的飆到六十美元的收購價，可就是賺了七百五十
萬美元啦！

等到行情真的開始動了，就更容易讓別人相信你。「你
看，我不是叫你買這些選擇權嗎，那時候才 1/16 美元，現
在可是 3/4 美元囉。你是要跟進，還是繼續傻在那兒？」要
是我認識你的話，你最好是買個幾百口，就當做是買個健康
保險吧。為什麼說是健康保險呢？要是我跟你說這東西現在
只要 1/16 美元，一個月以後可能值二十五美元，你一定要
進去買一點。因為你要是不買的話，萬一真的漲上去，你一
定會恨到不想活了。所以，這就當做是買份健康保險吧。

三個星期內，股價漲到三十七、八美元，我們的買權也
進入價內（in the money；譯按：市價已經高於約定價）。

當時我們才付 1/16 美元，現在可都要三、四美元囉。然後某個週五的下午，期市收盤後大家都在我辦公室裡聚會。電話鈴響了，是我的夥伴賴瑞：「天啊！天啊！我們那支股票停止交易了，吉姆！要發布訊息了！」

「這就對了！對了！」我尖叫：「靠……事情成了。」

「我們的股票」已經停止交易，準備發布重大訊息。我們花三十五美元買的股票，會有人支付六十美元來買。我們週末回家都想著，到了星期一的時候我們都是百萬富翁了。有一位我們的大客戶持有一萬或一萬五千口選擇權，他打電話問英國航空包下一台協和式噴射客機要多少錢，準備要招待我們！他真的要包下一架協和式客機，載大家到倫敦慶祝。我們在紐約的華爾道夫－亞士都大飯店（Waldorf-Astoria）碰面，一起搭協和客機去倫敦，度過愉快的假期。包機租金，我不記得確切數字了，好像是二、三十萬美元吧。那個錢根本不是問題，等到星期一早上我們都是身家好幾百萬的富翁了。

到了星期一早上，重大訊息還沒發布，但選擇權開盤後就一路漲了上去。大約半小時，股市終於開盤，竟然跌了六美元！訊息發布是「收購意圖」已經取消。結果我們的選擇權就一文不值囉。可是有那麼個週末，我還以為自己真的要變成六百萬美元身價的「無敵金剛」（six-million-dollar man）呢。

## 群眾與情緒

市場上虧損的原因，最常被提起的就是情感和情緒。對於這些情感與情緒的解釋，從最簡單的貪婪和恐懼到最細微的各種說明都有，其來源是從我們幼年時期到日後的影響。但檢視個人情感和情緒，根本是搞錯重點。情緒沒所謂好壞，情緒只是情緒而已，也沒辦法避免。但是情緒化（也就是根據情緒來做決策）就很不好了，情緒化的情況是可以控制，也應該要避免的。因此，本章不一一檢視每個人的情緒和情感，而是把焦點放在情緒化的主體：群眾。

情緒是非常強烈的主觀感受，不必經由自覺的心理運作即可喚起。我們很快就會看到，群眾的基本特徵即是受到潛意識動機所引導。換句話說，這是被情緒所引導，要是你不能在意識層面上控制自己的行動，那麼你的情緒就會控制你。因此，要了解情緒化對投資人、交易員或投機客有什麼不利的影響，各位要先知道群眾的特徵和行為。十九世紀哲學家古斯塔夫・勒龐（Gustave Le Bon）是這麼說的：「群眾就像古代寓言中的斯芬克斯（sphinx），你必須知道怎麼解決他們心理上的問題，否則就會被他們吞噬。」

## 「群眾」的傳統說法

### ● 失控的市場

對市場上一些關於群眾的古老格言，大家都很熟悉：「不要跟隨群眾」、「要逆向而行」、「跟大眾對做」。但多數人不曉得什麼叫群眾，懂得分辨的人更少，而知道自己其實就是群眾之一的人就更少。大多數對於群眾的解釋，實際上是研究或參考一些引發震撼的投資狂熱歷史資料。英國歷史學家查爾斯・麥凱（Charles Mackay）1841 年的巨著《異常流行幻象與群眾瘋狂》（Extraordinary Popular Delusions and the Madness of Crowds）提到許多例子，其中荷蘭的鬱金香狂熱就是群眾喪失理性的著名範例。1634 年，荷蘭當時相當原始的股票市場，有一股投機熱潮延燒到鮮花市場，這情況跟 1980 年代全球股市投機成風又蔓延到藝術市場一樣。當時荷蘭大眾不分老少，都急著售產求現搶買鬱金香球莖。鬱金香市場在 1634 年 11 月到達巔峰，一顆球莖售價直逼一般勞工十年工資。

從這些投機歷史尋找共通模式，已經歸納出各種不同模型，可以用來說明群眾把持市場的各個階段運作狀況。例如，查爾斯・金德伯格（Charles P. Kindleberger）的名著《狂熱、恐慌與崩潰》（Manias, Panics, and Crashes）即提供一套「明斯基模型」（Minsky Model）：❶位移──某些外

在事件（諸如戰爭、糧食欠收等）衝擊總體經濟體系。❷機會──前述位移在某些經濟部門中創造出獲利機會，同時某些經濟部門因此封閉。投資和生產集中於有利可圖的產業部門，正掀起一陣繁榮。❸信用擴張──信用擴張更加促進繁榮。❹興奮──伴隨著投資及生產／銷售熱潮，更刺激價格投機。

另一種群眾把持市場的常見的模式是：❶投機；❷信用擴張；❸金融困境；❹危機；❺恐慌和崩潰。

這些模式都有許多種變形，但基本上對於群眾的研究，都是針對歷史事件的研究、描述和解釋來進行，而不是針對個人心理活動過程。因此，群眾往往被視為陷身於失控市場中的眾多無名氏。

### ● 逆大勢法

在市場上，行情挺升至頂部時，大家都想得到別人的認同，而跌到底部又都避之唯恐不及，因此逆大勢而行也是辨識群眾的方法。所謂的逆勢操作，就是跟市場大勢對做，持有相反的倉位。但你不能一直跟群眾站在對立面。事實上，你到了某些時候也必須跟群眾方向一致，才有獲利的可能。群眾力量導入後，大盤因此走向你預期的方向。

這些對於群眾的傳統看法，對我所要討論的並沒有什麼幫助。了解狂熱、恐慌和崩潰模式，對於市場上重複這些歷

史情節，在辨識上雖有幫助，卻也都無法揭露個人的決策過程。這些模式描述了市場事件，但並不能說明個人之所以成為群眾一員的心理狀態。因為我們重點是擺在市場參與者，而不是歷史學家或經濟學者，我們不需要這些模型來警告我們市場即將出現狂熱或恐慌。我們需要的是警訊，一個可以提醒我們自己正在成為群眾一員的模型。

## 群眾是什麼？

就尋常意義而言，「群眾」是指一群人的集合，不管他們是為什麼聚在一起或被歸類在一起。不過根據勒龐著作《群眾》，從心理學角度來看，其意義顯然很不一樣。當所有聚在一起的人，其情緒和想法一致，個體意識消失時，就會成為一種心理上的群眾。我認為這種狀況的發生，那些人未必真的需要聚在一起，單獨的個人要是也有相同意圖、抱持同樣目的，表現出相同特徵，他就會成為群眾的一員。

你自己躲在家裡看盤，也可以被歸類為市場群眾嗎？是的，如果你追隨每個相關訊息，盯著螢幕上的價位跳動，就像燭火般隨風搖曳飄忽，你就是市場群眾之中的一員。在你個人的決策過程中，你是否表現出群眾特性？要是你對市場的反應和行動都表現出群眾的傾向、情緒和特徵，那麼你做的就是群眾的交易。

個人與群眾的基本區別是，個人是經過理性思考、慎思

熟慮和分析之後才採取行動，而群眾則是根據感覺、情緒和
衝動來行動。個人會仔細考慮自己的意見，群眾則是受到情
緒化觀點所影響，而非理性思考。在群眾之中，情緒和欠缺
考慮的想法會經由模仿和感染迅速蔓延。了解群眾特徵及其
組成，可以做為揭示情緒化如何影響我們決策的架構。你一
旦掌握到這個架構，就知道怎麼避免情緒化。

## 群眾特徵

個人成為群眾一員的心理狀態，主要有三個特徵。各位
都會看到，個人在做出投資和交易決策時，也可能表現出同
樣的特徵。

### ● 無敵力量的感覺

個人形成群眾時，需要一種自覺無敵、力大無窮的感受
（sentiment），群眾及其成員是毫不遲疑的。根據韋伯大
字典，「sentiment」係指情緒、感受和意見的綜合體，可
以做為判斷基礎。那種自以為無堅不摧的強力感，會讓人屈
服於自己原本小心控制的本能和情緒。但群眾是無名無姓
的，因此群眾成員不會為自己的行為負起責任。個人在群眾
之中，受到群眾能量的餵養，因為自己隱身其中，就會做出
一些平常不會做的事情。身處群眾之中，讓個人控制自我的
責任感消失無蹤（球賽勝利後，球迷衝進球場，連球門都推

倒）。我在黃豆油交易中的感覺就是如此，我最厲害！我最強！我不會犯錯！我一心一意地以為，那筆交易會賺一千萬美元呢。

### ● 感染擴散

根據《美國傳統英語字典》，「contagion」（傳染、感染）的意思是影響作用或情感狀態擴散的趨勢。像是足球場上的歡呼波浪，主隊獲勝奪得冠軍後反而在當地城市引發暴動。大家彷彿像是被催眠還是下咒似的。看著電腦螢幕上的價位跳動，整天打電話跟你的經紀人詢價，盯著電視螢幕最底下的股價跑馬燈，或者實際在市場上感受行情的上下起伏，這都像是注視催眠師那條來回擺動的錶鏈。我在旅行房車上，用電話追蹤行情的心理狀態，正是如此。

### ● 暗示

要描述群眾如何接受暗示，最好的方式是來看看受到催眠的人在催眠師的掌握下，如何回應暗示力量。此時他很容易接受暗示，已經意識不到自己的行為。在暗示的影響下，他會感受到一股不可抗拒的衝動，去做出一些行為。這聽起來跟我在紐澤西公路上成天黏著電話問行情很類似吧，我接收到黃豆油和股票交易的暗示，就跟著照做。在那個沉迷（感染）的特殊狀態中，個人受到螢幕上行情變化的操控，

執著於當初勸他進入市場的建議，不管誰的意見他都信。

心理群眾最明顯的特徵如下：諸多個人一旦形成群眾，不管他們的生活形態、職業、性格或智識高低是不是一樣，都會變成擁有集體心智的群眾，其行為方式也跟他們原本個別存在時完全不同。群眾之中的個人也可能被誘導，做出明顯違反自己利益的行為。群眾特徵中最不可理解者之一是，儘管面對如山鐵證的挑戰，成員們仍然可以固執地堅守錯誤假設。所以囉，明明看到虧損一直擴大，還是死抱著市場倉位不放，這就是群眾。

有時候你會做出一些不該做的事，或者某些事情早就該做了，但你卻不做，這些觀察可以解釋這些狀況。這也可以解釋，我在黃豆油交易上，為什麼賠光了之前的獲利，還死抱著倉位不放手。我拿其他交易賺的錢，或者跟朋友借錢來補那個大洞，顯然是違背自己的最佳利益。為什麼我會放著一個曾經獲利的倉位一直跌、一直跌，跌到必須借錢來彌補虧空也不肯罷手呢？要是你在 1973、1976 年，甚至是在 1983 年的 8 月跟我說我可能會做出這樣的事來，我絕對不承認自己會這麼傻。要是你對市場倉位的處置跟你原本預想的不同，那你就是心理群眾的一員，不管你自己有沒有意識到，你所做的交易其實是一種群眾行為。不然的話，你早就根據自己的判斷做出該做的事。

重點是，除了傳統上市場群眾的看法之外，個人也可能

在實際上沒跟大家在一起或可見影響下，照樣做出跟群眾同樣的投資或交易。心理群眾和賠錢的市場參與者之間的相似之處，非常明顯。各位請記住，判斷是否為心理群眾，並不在於其人數多寡，而是有沒有表現出它的特徵。一個人如果開始表現出那些特徵，那他就是心理群眾的一員，做出跟群眾一樣的交易。

事實上市場不必出現狂熱，或陷於前述兩種群眾模式之中，個人也可能做出跟群眾一樣的交易。就算行情只是橫盤，參與者若表現出群眾特徵，像是衝動、易怒、不理性和情緒乖張的情況，而且無法做出重要判斷，那他就可能做出群眾交易。如果這樣還不算是情緒化（而且還賠錢）的市場參與者，那就沒有人是了。這可真是完美地描述我在黃豆油和併購股的交易，其他事例也還多得是。

以下兩種模式係摘自勒龐著作《群眾》。他感興趣的是從社會學觀點來研究暴民滋事的過程和特徵，而我們想要了解的是個人在做市場決策時，這些過程和特徵會如何表現出來。

## 兩種心理群眾的模型

### ● 妄想模型

妄想模型描述個人在擁有市場倉位之前，成為心理群眾

的過程。

❶預期關注；❷暗示形成；❸感染過程；❹表現群眾行為以求融入。

這個模型正可以說明市場中虧本的人。他急著想賺錢，以為自己都準備好啦，所以是處於「預期關注」的狀態。他會聽從別人報明牌或什麼亂七八糟的意見，受到市場熱情的感染，像被催眠一般恍惚，把那些明牌的建議奉若聖旨，然後就採取行動。當你草率而急躁地做出決策，憑著衝動聽從小道消息進出市場，情況不就跟上述一樣。我搶進併購股票和交易黃豆油的過程，也是如此。在那兩個實例和其他很多例子中，我也覺得自己已經準備好痛快地撈一筆，這就是處於預期關注的狀態。一旦有人建議我做什麼買賣，那份熱情立即感染我、控制我，然後我就採取行動了。

那些想很快補回虧損的人往往會賠得更快，是因為他處於預期關注下，一聽到誰報出明牌就急虎虎地殺進去。這時候的他們就是群眾一員，極端地情緒化，也注定要虧損。

● **幻覺模型**

幻覺模型準確地描述個人在擁有市場倉位之後，成為心理群眾成員的過程。

❶肯定；❷重複；❸信譽；❹感染。

我們來看看以下情況。你或是別的什麼人發表了一項市

場意見（肯定）。這項意見又轉述給他人（重複）。朋友們問你對市場有什麼看法，你再次轉述，一再地推銷該項意見。接著，信譽就進場扮演它的角色。信譽是一種個人、作品、意念或願望對我們施以主宰的方式。它能完全癱瘓我們的辨識功能，讓我們心中、眼中只看得到、感受到奇觀。一旦市場行情如你所料，你看起來就是個英雄，你是如此厲害（信譽），大家都對你諂媚奉承。情感和情緒淹沒了你（感染），你就這麼被催眠了。

要是其中的信譽係來自你的大膽行動，敢於承擔虧損倉位的懲罰，那麼幻覺模型也適用於虧損的交易。當然，此時市場行情與你主張相反，但你敢逆勢而行，尤見其勇。「這是市場錯了，它會回頭的。」你對自己勇於挑戰群眾感到自豪，市場思維不都認為群眾是錯的嘛。對於你死抱著虧損倉位不放，大家都驚嘆不已，於是乎，你又陷於催眠狀態（感染）而且已然失控。這時也只有外部力量（例如因為金錢、家庭或號子介入）才能讓你出場。當黃豆油行情開始跟我搗蛋時，我的情況就是如此。否則我怎麼會死抱著黃豆油不放，從原本的獲利跌到把之前的好日子一起賠進去呢？

### 情緒與情感

我們回想一下基礎經濟學，市場的存在是為了滿足消費者的願望和需求。這表示我們買東西只為了兩個原因：感覺

更良好（滿足願望），或是解決問題（滿足需求）。要在金融市場上滿足前面那一項，就很危險。各位要是想在市場上追求某種情緒狀態或藉此樹立尊嚴，可能是有某些心理失調，需要找醫生求助。就像沉迷於賭博就是一種人格障礙，不過本書不是要討論這些心理疾病，而只是針對市場行情變化造成的情緒起伏。但請各位記住，情緒本身沒什麼好或壞，情緒就只是情緒而已。我們要避免的是情緒化，而非情緒。

### 希望與恐懼的矛盾

心理學家和精神科醫生通常建議不要壓抑情緒，而需要抑制的往往是負面情緒。很少有患者需要壓抑的是正面情緒。不過，各位聽來也許會覺得奇怪，但不管是正面或負面情緒，對於你在市場上的決策和績效，可能都會有不利的影響。要搞清楚這點是否確實，我們要先了解希望與恐懼的病症及其與群眾的獨特關係。

一般常說，貪婪和恐懼是市場參與者的兩種驅動情緒。不過，希望和恐懼才是主要的情緒，貪婪只是希望失控了。大家對於希望和恐懼的看法，幾乎都是互相矛盾的，就像專家們對於賺錢的意見一般分歧。我們都曾聽人說，不要因為希望或恐懼而去買進或賣出股票，或是因這些原因來做交易。不要期待市場倉位會照著我們的意思走，也不要害怕它

不會照著走。我們也曾聽說，你因為希望而買股票，其價格
往往已經走高，你就買在高檔。而你若是因為恐懼而賣股，
其價格也早已反映，因此就會賣在低檔。或者以逆勢思考的
教主，韓福瑞‧尼爾（Humphrey Neil）的話來說：「群眾
最熱情、樂觀之際，應該謹慎小心；當他們最害怕的時候，
則要大膽進取。」另一方面，我們也看到傑西‧李佛摩（Jesse
Livermore）的說法：「害怕的時候才要抱著希望；懷抱希
望之際更要懂得戒慎恐懼。」意思是說，我們要希望獲利增
加，而不是害怕獲利賠光；我們害怕的是虧損擴大，而不是
希望虧損可以撈回來。

　　這種看法針鋒相對的情況，可以用希望與恐懼的矛盾來
解釋，這兩者其實只是同一枚硬幣的兩面。換句話說，我們
通常是同時經驗到希望和恐懼。

　　當你作多，而市場行情也往上走，你：

　　(1) 希望它繼續漲，但……

　　(2) 害怕它不漲。

　　要是你的恐懼夠大，你就會獲利了結，然後希望市場下
跌。

　　當你作多，而市場行情走軟，你：

　　(1) 希望行情反轉，但……

　　(2) 害怕它不反轉。

　　要是你的恐懼夠大，你就會認賠出場，然後希望市場繼

續下跌。

當你想要做多，但還沒進場。此時市場上揚，你：

(1) 希望市場暫時反轉讓你進場，但……

(2) 害怕它會一路漲上去。

要是你的恐懼夠大，你就會搶進，然後希望市場繼續漲。

我們的討論要是放在個人情緒上，恐難避免許多混淆。因此應該把重點擺在情緒化。想了解情緒化，先了解心理群眾就是最好的辦法。

### 狂熱與恐慌：希望與恐懼的群眾表現

正如本章開頭摘文所示，我們對於不確定的事情，總是感覺很不舒服，因此會用一些確定的事情來取代，也正因此而屈服於群眾本能。對於未來的不確定感也會引發兩種主要的情緒反應：希望和恐懼。我們都希望未來會很好，同時又害怕事與願違。當我們成為群眾一員時，這些情緒反應就會走極端。群眾本能在市場上一旦結合希望和恐懼，就會出現狂熱和恐慌。

根據《美國傳統英語字典》，「mania」（狂熱）係指大眾對某種風氣、時尚或短暫流行抱持非常強烈的熱情。而「panic」（恐慌）的定義是突然降臨且難以抗拒的恐怖感，常常在同一時間影響許多人（字典中還說參見同義詞「fear；

恐懼」）。各位請注意，「狂熱」與「恐慌」的定義都跟希望、恐懼和群眾有關係。

狂熱和恐慌未必都是大規模的群眾事件，像荷蘭的鬱金香狂熱那樣，其特徵也可能出現在個人對進出市場的決策上。因為你獨處的時候也可能是群眾的一員，因此光你一個人也可能陷於狂熱或恐慌，而當你一個人腦子發熱的時候，市場甚至都未必要出現同樣的狂熱或恐慌。它在橫向盤動時，你自己一個人也可以經驗到恐慌或狂熱，表現出群眾對於希望或恐懼的反應特徵。

在一個人的恐慌時，群眾行為會結合你個人對於賠錢或錯失獲利良機的恐懼，因此讓你做出某些事情或因此不採取該有的行動。陷於孤身一人的狂熱中，群眾行為會結合個人對於獲利或賠錢倉位逆轉的強烈希望，成為你行動或不行動的主要原因。

因此，各位不必去注意自己各種不同情緒，只須嚴密注意群眾形成的那幾個階段特徵即可。注意那些在你成為群眾時伴隨出現的徵狀，能夠避開這些也就能自動避免情緒化。

我在一天賺到二十四萬八千美元的隔天，1983 年 8 月的一個星期四，我跟波德里克坐在他湖濱別墅的碼頭邊，他轉身對我說：「唯一能阻止市場繼續漲的事情是什麼？」我思考了一分鐘，說：「嗯……要是下雨的話，情況就不一樣

了。」

那天晚上我們看新聞，看到天氣預報說週末會下雨。波德里克看著我，說：「啊？就是這個嗎？是嗎？」我說：「喔⋯⋯不是⋯⋯不是吧⋯⋯雨量可能不夠⋯⋯而且也不是下在印第安納州。」結果我只花了半小時就說服自己那場雨沒關係。雨量不夠、地方也不對嘛，所以隔天市場對那一點小雨不予理會，行情照樣高漲。

到了星期一，波德里克獲利了結，他離場了，因為週末真的下雨。我之前也跟他說，要是下雨，行情就結束了，所以他就獲利了結，出場啦。但我呢？我沒走！我死死地釘在原地，對自己說那點小雨還不夠。這可是十年以來的大行情，我可不會因為那麼幾滴毛毛雨就被騙出局。這正是我一個人陷於狂熱之中。

在此重複一下本書到目前為止的主旨：肇因於心理因素的虧損（我說的是真正的虧損，不是那種偶爾賠點錢的情況），這些虧損並非因為行情分析出問題（第五章）。有些人會把市場和交易倉位看成個人的心理內在（第一至第四章），將原本的外部損失內在化（第六章），混淆不同類型的風險活動（第七章），以及做出跟群眾一樣的交易（第八章）。這些錯誤是否都有一個共同的原因？我們能否克服那項因素，即可完全避免這些錯誤呢？

獲利的法則
What I Learned Losing A Million Dollars

——— 第三部 ———
綜合討論

# 第九章　規則、工具與傻瓜

**就算是個傻瓜偶爾也會碰對運氣。**

**—— 威廉‧柯伯（William Cowper）**

這個故事的最後一個諷刺是，我在 1983 年 11 月破產之後沒多久，黃豆油市場真的就反轉了。要是我可以撐得久一點，到 1984 年 5 月時，我那五百四十套價差交易就價值三百二十萬美元囉。不過現在回想起來，其實也不會有什麼差別。我遲早都要把自己賠光的，拖得越晚，就賠得越多。我當時就算能夠穿越死亡蔭谷，帶著三百二十萬美元光榮脫身，只要我還是像那樣在做交易，日後也會在別的買賣上賠掉自己，那時候說不定是賠掉六百萬，而不只是一百六十萬美元而已。那只是推遲一個不可避免的慘重虧損，而且是越拖越大。我是否可能也幹點聰明事，像是先付清房屋貸款或存下一點錢，不要全部投入市場呢？或許吧。但我還是認為，那場最終的災難一定會發生。

為什麼我肯定那場災難躲不掉？因為，即使我生活中，有許多事情是遵守遊戲規則而成功（例如：大一英文、明尼蘇達性向測驗、軍官培訓學校和榮譽結業生頭銜），但也有許多事情的成功，倒是因為我不守規則。有很多事情是不應該會成功，也讓我矇中了，比方說，沒人會冒冒失失地打

電話去兄弟會要求入會徽章，結果我竟然要到了；沒人會因為穿著六百美元的西裝，打著五十美元的領帶，套著貝理（Bally）的高檔皮鞋就當選芝加哥商品交易所的董事，但我就是個例外。當我不守規則也能成功時，我認為規則是訂給別人用的，我不必遵守也能成功。

這就是說，我在有意或無意間會打破規則，可是一旦發生錯誤（我們每個人都有錯的時候），我卻不能坦承錯誤，或者不相信自己會出錯。光是這一點就保證虧損一定會發生，而且會把我三振出局。

要是你偶爾打破規則，照樣是連戰連勝，那你的問題肯定更嚴重，因為你會覺得自己比旁人更優越，才能不受規範。你的自我會因此膨脹，一旦出錯就拒絕承認現實。即使行情跟你預期相反，你認為自己一定是對的，行情必定會反轉。所以，要是有一百萬美元，我就有這個自我膨脹的問題，那麼要是當我真的逃過一劫又大撈一筆，這問題又會變得多大啊？當時若真能撐過虧損，市場逆轉讓我狠撈一票，我的自我想必也會膨脹得更厲害吧。

## 綜合討論

回答前一章最後提出的問題：是的，觸發造成虧損的心理過程、行為特徵和情緒反應，都有一個共同的因素——未來的不確定性。在一個確定的世界中，我們就不必選擇或行

動。確定性會取代機率，就不會有潛在的損失（即風險），也不必有風險活動，不管是既有風險或自創風險。我們既不會虧損，也不會經歷內在虧損五階段。金融媒體人詹姆斯‧葛蘭特（James Grant）説：「正因為未來不可測，市場上才會既有買家又有賣家。要是社會主義者説得沒錯，未來果真是可以測定的，那麼市場必定解散，因為絕對沒人願意承擔買賣中輸的那一方。」因為我們渴望消除未來的不確定感，才讓群眾本能和群眾行為有機可趁。如果未來是確定的，我們就不會屈服於情緒化反應。同樣地，我們對於未來不確定感最強烈的情緒反應，希望和恐懼，也就不會發展成個人的恐慌和狂熱。但我們都不是生活在確定的世界之中，因此需要想辦法對付未來的不確定感。

## 處理未來不確定性

所有的事業，甚至是所有的人類活動，都跟風險有著千絲萬縷的關係，原因很簡單：未來總是不確定的，絕對不會完全揭露出來。要處理未來不確定性的風險，我們有三種方法可以選擇：工程法、賭博法和投機法。工程師對於問題為求得技術上令人滿意的答案，都要探究一切需要知道的事情。他會為自己的解決方案建構安全緩衝，以消除不確定帶來的極端衝擊。因此，工程師的方法基本上是在一個確定的世界中運作，因為他知道大多數的事情，就算不是全部，也

控制著大部分可能影響到結果的變數。而賭徒則是對於影響到結果的因素一無所知，因為賭博最明顯的特徵就是對結果的未知。賭徒追求興奮感，只想要腎上腺素暴衝。他不是為了賭贏才賭的，而是為了賭博本身。投機客沒有工程師的優勢，自然科學法則也無法預測價格行情的未來走向。不過投機客還是強過賭徒，賭徒完全碰運氣，而投機客至少對那些影響其活動結果的因素知道一些，投機即是對不確定未來的理智檢視和系統分析。

成功的投資，即是投機成功的結果。如果你的「投資」是一檔股票，那也要依靠公司經理們對自家產品市場的準確預測。如果你的投資只是把錢存在銀行裡，那也要靠銀行放款人員準確預測未來商業情勢，謹慎承作會賺錢的放款，才有收益付你利息。光是把錢放在銀行裡頭，是不會憑空生出利息的（這裡只是說明一般銀行業務狀況，不考慮聯邦存款保險公司［FDIC］的保險）。美國前任聯邦儲備委員會主席亞倫・格林斯潘（Alan Greenspan）則是這麼說：「銀行業長久以來就是放款給甘冒危險的企業，小心謹慎地承擔放款風險。」也就是說，銀行家也是在投機。

成功的交易，也投機成功的結果。交易員運用系統方法買賣股票（或債券、期貨、外匯等等），並小心監看市場狀況，留意供給和需求的微妙變化。他對預測的危險知道得太清楚，所以不會去預測市場走向。他在嚴格的條件參數下操

作，「如果OOO，就XXX」，這就是他買進、賣出的決策依據。

　　成功的套利，也是投機成功帶來的。套利者檢視商業現況和展望，認清市場情勢，評估業界和市場變化，計算目前價格是否有利可圖。如果是的話，他就會以自己擁有或日後需要的現貨來進行套利。

　　投機需要深謀遠慮。在行動之前先思考，以理智判斷是否進行某項交易、何時買進或賣出。投機客必須先預想幾種未來可能發生的狀況，決定各種狀況下應該採取的對應行動。這些都必須在行動之前先設想妥善。而行動前先想好任務順序，就是「計畫」。所以，「投機」和「計畫」實際上就是同件事。計畫的時間跨度，可長（投資人）可短（交易員），範圍可寬（套利者）可窄（一般交易員）。既然我們不是市場上的工程師（除非你是華爾街的「火箭科學家」），而且也早就說過把市場當賭場的危險性，因此我們能夠對付未來不確定性的方法也只剩下投機和計畫。因此，本書之後說到「投機者」就包括投資人、投機客和交易員，所有這些人都是投機者。

　　名詞「計畫」是指詳細的設計、規畫或方案，或者是為了完成特定目標預先設想的方法。動詞「計畫」則係指行動前先思考，不是邊思考、邊行動，也不是先做再想。要是沒有計畫，勢必落入二者之一：簽賭者，如果你想要的是證實

自己正確；或者是個賭徒，如果你只是想尋刺激、找樂子。當你對市場動向發表意見時，就等於把自己個人跟市場綁在一起，開始把市場當做是你個人的表現。行情變化如你所預料，就是證實自己正確，萬一走勢不同就覺得自己錯了。甚至是在市場走勢相反時，你覺得該說點什麼來為自己的意見辯駁，或者更糟糕的是你覺得自己應該做點什麼，表示自己有堅守立場的勇氣，比方說死抱著虧損倉位不放手。為了證實正確而參與市場，那叫做簽賭，而追求興奮刺激則是賭博。如果是要投機，那麼依照定義，你得先有個計畫。

### 決策擬定

正如我們在第六章所言，市場參與的關鍵即在決策。你在制定計畫以落實決策之前，要先決定你會在什麼條件下進入市場。如果你決定先不進入市場，顯然也就不必有什麼計畫。廣泛言之，決策過程如下：❶決定你要做哪一類型的參與者；❷選擇一套分析方法；❸制定規則；❹建立控制機制；❺制定計畫。根據你也許積極、也許保守的目的和目標，你要先決定自己要當個投資人或投機客，再據以決定要參與哪個市場、使用什麼分析方法，你必須有什麼規則和控制機制，以及如何在計畫中執行這一切。我們現在已經知道，沒有哪套分析方法保證大家都會成功，而是你會發現某些方法符合你的風險要求，根據你的研究和風險忍受能力來制定自

己所需。

　　首先你要決定的是自己要做哪種類型的參與者（投資人或投機客），然後你要選擇自己準備參與哪個市場（股票、債券、外匯、期貨）。你制定的計畫，其中的特徵和時間跨度也必須與你選定的參與者類型一致。為什麼呢？因為中途變更時間跨度，就等於改變參與者類型，這跟在市場上簽賭或賭博一樣危險。比方說，對大多數涉足股市的人來說，「投資」是什麼呢？九成都是因為「交易」失敗，只好長抱。他們一開始都想在短時間內撈一票，等到套牢之後，只好拉長時間跨度，於是這筆交易就成了「投資」。「吉姆，我勸你現在趕快搶進 XYZ 的股票，現在才二十元，會漲到三十。」所以我們就搶進，然後呢，它跌到十五元。「現在十五元真是太划算了！很快就漲啦。」然後我們又敲進更多，結果跌到十元。「好吧，我們要把眼光放長一點，這是個投資嘛。」美國的信託基金裡頭，總共買進多少賓州中央鐵路公司（Penn Central）的股票呢？那可多囉。因為它們在投資美國鐵路的偉大建設嘛。當它從 1968 年的八十六美元跌到 1970 年只剩六塊錢時，大家都因為賠太多而難以放手。所以他們就拉長時間跨度來安慰自己，來合理化自己抱著賠錢貨。或者我們也可以說說 IBM 公司，這曾經是法人和散戶的最愛。當它從 1987 年的一百七十五美元一直跌到 1993 年的四十五美元，分析師們可是一路上不停地叫進啊。

　　大多數股市參與者碰到的問題，是因為他們聽從某個基本面消息而買進某支股票。這跟我相信黃豆油的基本面消息是一樣的：「黃豆油就快用完啦，即將陷於短缺，所以一定會漲價。」要是我因為相信獲利增加的消息而買進某檔股票，一旦股價下跌，我就碰上個好問題。我這個相信消息的股市參與者，必須決定：「要嘛是我一開始就傻到會相信那個消息，不然就是市場錯了。」你覺得我會選擇哪一樣？當然是認為市場錯了嘛，所以我就要跟市場對抗到底，死抱著虧損倉位，於是交易變成了投資。

　　我們來看看《華爾街日報》一則關於散戶投資人的報導：「他看到專門投資生技股及電腦相關類股的二十世紀投資超基金（Twentieth Century Investor's Ultra Fund）在 1991年報酬率幾達 87％後，也跟著以每單位十八美元的價格搶進該基金。一年後基金跌到每單位不到十五美元，他覺得自己被套牢了。『有些人叫我快點砍掉虧損，可是我已經虧掉太多了。』那個投資人說：『幸虧我現在並不急著用那些錢。』」哎，難道市場在他需要用錢的時候，就會為他反彈回升嗎？「我已經虧掉太多了，現在不能認賠出場」這真是交易員或投資人最糟糕的想法！他說的是：他已經垮啦，被釘在十字架上，徹底完蛋。而且他因為徹底完蛋，所以無法認賠出場。這真是夠蠢的了，會說什麼因為虧損太大，所以無法認賠出場，就是把市場內化成心理因素，害怕丟臉才不

願認賠。更糟的是，大多數股票投資人都是用現金買股票，他們設定的時間跨度就更容易延長。何以如此？因為他們的投資倉位開始虧損之後，不會有人強迫他們認賠出場。就算他們是融資買進，也是以 50％保證金來買股票，跟期貨交易員只須 4％至 12％保證金即可做交易很不一樣。因此在股市裡頭虧損倉位更容易失控，只要延長原先設定的時間跨度，大家都會變成「投資」人。

　　股票投資人可以死抱著倉位不放，但期貨市場的投機客則在期貨合約到期時，就一定要平倉出場。因此就算他死命撐著虧損倉位，到了該期約到期時，就被迫一定要做個新決定。但股票投資人則不會受到這樣的逼迫，因此各位參與股市時一定更要確定自己想做為什麼類型的參與者。

　　接下來，是要選擇一套分析市場的方法。若不選定一套的話，你日後很可能在幾種不同方法中來來回回，找尋任何有利自己死抱倉位不放的證據。有許多方法可以分析市場，因此各位也一定可以從某些方法中，找到某些指標來支持自己繼續死撐下去。不管賺賠都可能著了這個道：賺錢倉位可能因此遲遲不放手，結果從賺錢拖成賠錢，而虧損倉位則是一拖再拖、一延再延，使得虧損遠遠超出你原本設定的額度。

　　你的分析方法，就是用來描述市場狀況的工具。股票的基本分析，不會告訴你何時進場。沒有什麼神奇公式可以綜

合各種基本面資訊，告訴你何時買進、賣出。預期盈餘、本
益比、股價淨值比和其他基本面數據的高低，都不能當做買
進或賣出股票的明確指示。許多不同的技術分析方法，也一
樣不能具體指示買進、賣出時機。這些都只是描述市場狀況
的工具。分析就只是個分析，它不會告訴你何時該進、何時
該出。

　　要把自己的分析應用到評論之外，你要先認定自己的機
會條件。這就是你的進場規則，透過規則來運用你的分析。
而這些規則不容變通、挪移。工具（即分析方法）的使用都
有一些彈性可供伸曲，但不懂得堅守規則的傻子也就等於沒
有工具。你必須制定一套參數來確認機會，並據以決定何時
該採取什麼行動。怎麼做呢？你要先做功課（也就是研究、
測試和嘗試錯誤與修正），然後制定出一套參數和規則。你
做的功課會讓你確認，滿足什麼樣的參數或條件才會是個機
會，而你的規則就是「如果OOO，就要XXX」的條件陳述，
以此來實現你的分析。而這就是根據分析得出的買進或賣出
明確指示。

　　要是不符合你設定的機會條件，你就不能採取行動。但
這並不表示你放過的任何交易或投資不會變成有利可圖。或
許就別人的規則來看，它就是個可以接受且能夠獲利的機
會。各位請記住，市場參與的關鍵即在於決策，而杜拉克提
醒我們：「決策是沒有完美的。」放過一個機會，總要付出

一些代價。各位必須認清一件事實：有時候你不進入市場，它照樣會讓人賺錢。對那些你錯過的機會就甭再介意囉，那是別人的機會。在這市場中，有成千上百萬個機會，你的規則只能抓住其中幾個，別想統攬全包。

決策的下一步是建立控制機制，也就是不管是賺錢或賠錢，都必須設定退場條件，可能是一張已經設定價位或時間的賣單，或者是特定條件的停損單（也就是說，要是某事發生或沒發生，就要平倉出場）。你的出場條件創造出一個結束倉位，不會讓它變成歹戲拖棚的獨立事件。這就是杜拉克說的：「策略之後需要控制。」。就商業計畫而言，一個策略須包括市場選擇和進入條件，而控制機制則由退場條件構成。杜拉克的意見指出，策略必須與控制機制同時，而不是在執行策略之後才選定。不幸的是，市場參與者大多是在進入市場之後才選擇停損或出場機制，有些甚至根本沒設定出場條件。各位一定要在進場之前先設定停損，為什麼呢？因為一旦進場之後，你看到、聽到的一切都可能受到自己市場倉位的扭曲。比方說，有人建立多頭倉位後，你問他對市場有什麼看法，難道他會跟你說行情會下跌嗎？當然不會，他一定會跟你說行情因為怎樣又怎樣的理由會上漲。控制應先於策略的另一個原因是，正如我們在第七章討論的，你不會知道交易的獲利可能，只能算出暴露的風險。因此你能做的只是怎麼管理自己的虧損，而不是預測獲利。

## 計畫

　　大家都想知道成功的計畫裡頭有什麼祕密配方。但光知道裡頭有哪幾個配方也沒用，重要的是整套方法，它可以告訴你那些配方要以多少數量、什麼順序來進行。各位聽過肯德基的老廣告吧？「上校的祕密配方是由十一種香草和香料混合而成」。所以，桑德斯上校（Colonel Sanders）儘管說出那十一種香草和香料（亦即配方），也不必擔心誰會來搶走他的生意，只要他不透露這些香草和香料要怎麼混合調配（也就是數量和調配方法）。

　　誰也做不出所有市場參與者都能適用的計畫來。況且，有那麼多種不同計畫都能成功，所以用哪種計畫不是很重要，重要的是一定要有一套計畫。各位請記住，賺錢的方法可說是人人都有一套，計畫也是人皆有之，但能夠有效制定計畫的調配方法只有一套。不管各位準備使用什麼分析方法，在你決定進場之前，就要先決定出場的時機、價位及原因（新資訊）。

　　對於制定計畫，幾乎所有建議都說要分成「進場」、「停損」和「價位目標」三項。然而若希望它可以發揮有效的控制機制，計畫的制定必須先決定「出場」、「進場」和「價位目標」。未設定價位目標，可能造成交易轉盈為虧，進場價位挑得不好也許會擴大虧損或減少獲利，但若不事先設定停損點，可能會讓你虧損得非常嚴重。通常大家都是在進

場之後，才會挑選出場價位或時機，有的甚至不設定。如此設定的出場點，完全是根據進場點來設置，通常就是代表他們覺得可以忍受的虧損額。然後又據此算出錯誤的賺賠率來合理化自己的決定，比方說拿出五百元冒險，想賺一千五百元，說是「賠一賺三」的報酬率，但價位能否到達目標根本就沒有統計根據。

我這套配方最特別的一點，是在決定進場之前，要先決定停損條件。且讓我再次引用杜拉克的話：「不管是要進入任何活動或任何產品的市場之前，在制定計畫時首先要問：『今天若非有所承諾，我們會做嗎？』答案若是否定，我們就要再問：『要怎樣才能迅速退場？』」身為市場參與者，各位也不必對市場有什麼承諾，所以你在進入市場之前，要先問後面那個問題。你知道自己在什麼狀況下會出場，也就會知道什麼價位和時機適合進場。跟大多數人正好相反，你的進場點應該是根據出場點設定出來的，一旦你知道在什麼價位或狀況下要出場，也明白自己願意承擔多少虧損，此時，也唯有此時，你才能去思考何時進場。

當然，要求在新倉位建立之前，先設好限價單（price-limit order）停損，可能會讓你錯失一些很棒的交易機會，但是錯過這些「可望賺錢的交易」實際上並沒有損失，要是控制不當（交易後才設停損）甚至是根本不控制（未設停損）的話，遲早會讓你賠得慘兮兮。先設定出場或虧損標準，決

定好自己可以忍受的虧損額度，才進場建立新倉位。再來，等新倉位建立後，就不要再更動停損單了。或者，要是你採用技術分析方法，也可以在倉位開始賺錢後逐步調高停損價位，好鎖住更多獲利：若你採用基本分析，那就依照原先設定的基本面條件來仔細監看，研判自己的出場時機。要是你在倉位建立後才設定出場點，或者開始調低停損價位以包容更多虧損，或者改變決策時設定的基本面條件，那麼你就是：❶內化虧損，因為你害怕丟臉；❷簽賭或賭博，因為你想證明自己是對的；❸做出群眾模式的交易，因為你做出情緒化的決策。結果，你的虧損會因此比原先願意承擔的還要嚴重得多。

　　你的計畫就是根據你選定的分析方法而撰寫的劇本，為你預期會發生的事情提供明確的行動步驟。萬一那件事沒發生，你也早已設想好多種可能，知道要如何因應。這並不是說，你要去預測未來，只表示你必須預先設想，萬一A、B或C事件發生時，你要怎麼辦才好。這種在商場和市場上都獲證實的穩健方法，就是所謂的「情景規畫」（scenario planning）：「一種有組織、有紀律的思考未來的方法，也是針對政治、經濟流動變化的狀況預期技巧。」情景技術是蘭德公司（RAND Corporation）的戰略分析師在思考核戰本質各種重要問題時開發出來的。分析師設想可能的結果，辨識哪些政治、經濟突發事件可能會如何導致這些結果。

對於尚未知曉的未來而言，這些設想可以做為沿途的參考路標。一九七〇年代初期，石油鉅子荷蘭皇家殼牌公司（Royal Dutch Shell）的企畫師開始將這套技術引進石油業：「其結果是，情景規畫提供了評估策略、測試投資決策的方法，並可據以明確風險和不確定性。」石油業必須進行時間很長的投資，成敗往往跟隨社會、經濟和科技發展而有劇烈變化：「殼牌公司企畫師不僅將情景規畫運用到能源業務，也將之運用於更大的全球經濟和社會發展趨勢，作為未來規畫的一部分。」各位也必須運用情景分析來明確風險和不確定性，並以之計畫未來。

　　各位如果採用技術方法來分析市場，那麼你據以決策的資訊只會以兩種形式顯現：價格的上漲或下跌。若是採用基本面分析市場，那麼可資決策的資訊就有多種形式，但就算是採用基本面分析，虧損也總有個限度是你認為無法忍受的。請各位記住，我們想要納入控制管理的，是可能發生的情況和虧損，而不是要預測未來和獲利：「情景規畫當然無法告訴我們未來，只有算命師才能做到這一點。」我們現在已經知道，想要預測未來就表示你在簽賭，為了證明自己是對的，會讓你完全掉入陷阱：「情景方法不是要決定哪種情況才是對的⋯⋯這根本沒有『正確』解答。」

　　想知道自己猜測正確，或者讓別人知道你猜測正確的心理，正可以說人類對於市場狀況的一種傾向：我們往往是關

切市場「為何」發生某些狀況，而不太注意到底是發生「什麼」狀況。我們總會聽到有人問說：「市場為什麼漲（或跌）？」要是有人問說「市場為什麼漲」時，他真的是想知道原因嗎？並不是。如果他做多，他是想聽些利多以強化自己的觀點，獲得一些良好的自我感覺、慰勞自我。要是他沒做多，也許就是做空，那麼他想知道市場為何而漲也只是想抬槓，跟市場爭辯，好證明自己是對，而市場錯了。他要的是有個機會可以回答說：「喔，這就是原因啊？這真是蠢到不行的理由啊！」他只是想為自己站「錯」邊找理由，所以他要問「為什麼」，好批評說：「那個理由超蠢的！」

關於探究市場漲跌的原因，我可以告訴各位，這會帶來什麼好處和壞處。要是你做多，而且市場會漲的話，儘管你不曉得原因何在，好處就是你不會賠錢，一毛錢都不會賠。就算你只是運氣好，矇對了，市場也不會收你一塊錢。但若是市場向上走，而你卻做空，那麼壞處是就算你明白原因何在，你的錢也要不回來。所以，知道漲跌原因有什麼用？知道也不會讓你在市場上獲得嘉獎計點啊。又不是像以前學校的數學考試，知道哪裡錯了，還能得到一點分數。而這些好處和壞處，不只是市場如此，對任何生意買賣都適用。

《華爾街日報》曾有篇關於約翰‧克魯格（John Kluge）的報導，他曾是《富比世》（Forbes）雜誌年度調查的美國首富。1988 年，在克魯格收購龐德羅莎（Ponderosa）連鎖牛

排館之前，有些心懷疑慮的銀行家問他：「你不覺得現在做這一行不對嗎？」當時的美國人開始注重飲食健康，而牛排不算健康食品。克魯格氣呼呼地捶著桌子：「大家都愛吃牛排啊！」他對美國人愛吃丁骨牛排、沙朗牛排很有信心，因此三年內對龐德羅莎餐館投資近十億美元。結果呢，美國的牛肉消費量雖是下降，但餐館中的牛排銷售的確是維持穩定。「所以，克魯格先生沒說錯：大家都愛吃牛排，但不是他的牛排。」《華爾街日報》如此結論。

但就算他說對了，卻沒賺到錢，又有什麼好處？甚至更糟糕的是還賠了錢。龐德羅莎後來虧損嚴重，克魯格必須投入更多資金才能維持營運，1992 年注資六千萬美元，1993年又挹注三千萬美元整修三百六十家連鎖店。華爾街日報說：「在此之前克魯格先生以其點石成金的神技聞名於世。」各位看到這個有沒有覺得很熟悉？就是我啊，我也曾經點石成金、神乎其技啊：「黃豆油要出現短缺了！」我也沒說錯，的確是出現短缺。但我不僅沒賺到錢，還倒賠了一屁股。我把其他交易的獲利全部投入，只為了維持虛妄的「正確」。跟克魯格一樣，我是對的，但我們的交易都沒賺到錢。所以，你就算是對的也照樣會賠錢。各位要記住，這世界只有兩種獎賞，不是名就是利。你覺得哪個才重要呢？你是想要像個先知似的，讓大家都知道你的說法正確嗎？不管是在商場或市場，都不必在意自己正確與否，你應該切實遵照自己擬定

的計畫，小心謹慎地顧好自己的錢。

只想證明自己是對的，就表示你在簽賭，而把市場交易內化為自己的情緒，正是造成虧損的心理因素。各位要注意的是，你有沒有認真做功課，下工夫研究，設定出一套決定進場和出場的研判條件，並且切實地照計畫施行。

現在大家都明白計畫是什麼，我們再來看看遵照計畫施行，可以如何對付第六、七、八章談到的不確定性。

### 計畫 VS. 虧損、風險與群眾

面對市場虧損時，對於未來的不確定感，會引發內在虧損五階段。你曾對自己說過：「不可能！市場怎麼會跌得這麼深呢？」這就是「否認」。你曾對市場生氣、痛罵它、遷怒家人和朋友嗎？這就是「憤怒」。你曾經懇求市場或上帝，希望價位回升，只求回本不賠就出場嗎？這就是「討價還價」。市場虧損曾讓你吃不下、睡不著嗎？這就是「沮喪」。曾碰過號子幫你斷頭平倉嗎？這就是「接受」。要是沒有一套計畫，那麼你的虧損可真不知是伊於胡底啊，在經歷那五個階段之際，你的虧損必定會越來越大，而且像我們之前討論過的，甚至會在前四個階段中不斷地惡性循環。反正你到最後必定要接受虧損，還不如事先就確定好虧損額度，只要你切實遵守，就能中斷內化五階段的鬼打牆。事先確認虧損額度，等於將它的不確定性降到零，因為你早就知道而且也

願意接受這個額度的虧損。

這套計畫不但能讓你避免陷入五階段的陣痛，也會帶來一些市場遊戲的正面屬性（稍後詳論）。市場倉位屬於連續過程，其結果比獨立事件，如一手撲克牌或一場運動比賽更加不確定。各位還記得之前談過的賽馬例子，比賽到一半再讓各位重新下注嗎？除非你預先設定一些限定條件，不然你還是會在完全不適合的環境中陷於簽賭或賭博的危險。要是你沒有一些方法來中斷這種連續過程，任憑身邊的價格波動、隨機出現的新聞事件或他人意見所左右，那麼不管是獲利或虧損也都難以鎖定。市場上有無數種分析方法，每一種都可以用來解讀這些價格變動或新聞消息，在這個過程中，分析變成自身的獎賞、成為目的本身，於是你就想證明自己是對的，交易就成了簽賭。因此，在流體式的連續市場環境中就需要一些運作參數，可以從連續過程中分離出獨立事件來。而準備好一套計畫，就是要讓市場倉位有一個終點。制定計畫時先設定停損，即是讓本來就很危險的連續過程轉變為一個有界限的個別事件。

市場參與者總是堅決否認他們所做的跟賭博有關，其說法是：「市場經濟中的商業行為與金錢遊戲之間的類似程度很低，遊戲競賽的特徵是兩人或兩組人的對抗，而市場則是提供消費者想要的。」他們不希望別人當他們是賭徒，花了很多時間解釋市場和賭場是如何地不同，但各位還記得吧，

我們在第七章看到許多人其實不知道自己從事什麼類型的風險活動。他們也不明白，決定他們從事簽賭、賭博、投機、交易或投資的關鍵，不在於活動本身，而是要看他們表現出來的特徵。不了解這些關鍵，我們就很容易在一個連續過程（即市場）中，表現出個別事件才適合的簽賭或賭博特徵。我們很容易就看到，許多市場參與者只是嘴巴上說市場非賭場，但行為特徵卻剛好相反。

但根據我從事交易和玩賭博的經驗，我發現若真把市場當做是遊戲競賽，反而比較不會因為心理因素而蒙受虧損。為什麼呢？因為遊戲競賽自有其規則和明確的終點。參加遊戲的人也都有一套計畫。我們制定的計畫帶有遊戲競賽的正面屬性（即非賭博本身，而是遊戲競賽的概念），應用到市場上即可提供一個設定獨立事件的架構。也就是說，它會讓你不至於混淆投機與簽賭或賭博，也能防止你在一個連續過程中進行簽賭或賭博。投機的定義是先思考再行動，搞混這個順序（也就是先行動再思考）就是簽賭或賭博。面對一件永遠都不會結束的事件，想證明自己的看法正確（即簽賭），其實是永遠都辦不到。而在永不歇止的過程中尋找興奮和刺激（即賭博），恐怕那個興奮程度會大到讓你消受不了。

制定計畫需要思考，你只能自己想，群眾是不會思考的。群眾只會吃吃喝喝，沒有所謂的「集體大腦」，所以不會思考。計畫需要規則，但群眾的行為是不受規則所限，因

此只要你能制定計畫並切實遵行，你就不會是群眾的一員。按照你的計畫來操作，即能對自己情緒施以控制。所謂的紀律，就是不能感情用事，要是你不遵照計畫、不守規則，情緒就會取得主控權，於是你就會成為群眾一員。不利用計畫來控制自己的情緒，決策自是流於情緒化。在價格時刻變化的催眠下，你就很容易受到感染，而落入先前提到的心理群眾模式，因為群眾就代表著情緒化。因此各位不必去注意自己的每一個情緒變化，只要懂得避免那些群眾行動的特徵，自然就不會落入情緒化決策的陷阱。正如我媽常說的：「任由情緒控制行為，即是弱者。堅強的人必定要能控制自己的情緒。」要是你不刻意做到後者，那麼潛意識中就會趨於前者。這正是勒龐所說的，當你成為群眾一員的時候，你的人格自覺就會跟著消失。

　　最後這個部分，我們詳細說明遵行計畫才不會落入第六、七、八章討論過的心理陷阱。這三種陷阱不一定按照我們說的順序出現，那只是我們在第五章時的討論順序而已。錯誤可以從任何一個環節開始，然後形成惡性循環。比方說，你可能❶先落入之前談過的某種群眾模型，做出某種群眾交易；然後❷混淆不同類型的風險活動，因為只想證明自己看法正確，而成為簽賭；到最後，❸把虧損內在化，並陷入內在虧損五階段。但情況未必都是如此，你也可能有兩項順序顛倒，甚至三個的順序都跟這裡討論的完全不一樣。到

**讓各位了解如果沒有制定計畫或不按照施行，可能發生的狀況。**

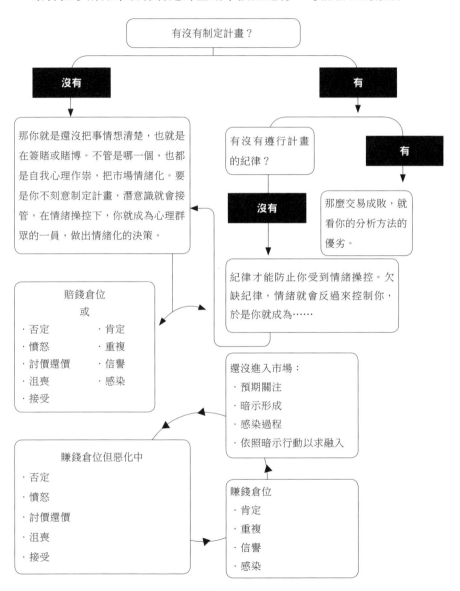

有沒有制定計畫？

**沒有**

**有**

那你就是還沒把事情想清楚，也就是在簽賭或賭博。不管是哪一個，也都是自我心理作祟，把市場情緒化。要是你不刻意制定計畫，潛意識就會接管。在情緒操控下，你就成為心理群眾的一員，做出情緒化的決策。

有沒有遵行計畫的紀律？

**有**

**沒有**

那麼交易成敗，就看你的分析方法的優劣。

賠錢倉位
或
· 否定 · 肯定
· 憤怒 · 重複
· 討價還價 · 信譽
· 沮喪 · 感染
· 接受

紀律才能防止你受到情緒操控。欠缺紀律，情緒就會反過來控制你，於是你就成為……

還沒進入市場：
· 預期關注
· 暗示形成
· 感染過程
· 依照暗示行動以求融入

賺錢倉位但惡化中
· 否定
· 憤怒
· 討價還價
· 沮喪
· 接受

賺錢倉位
· 肯定
· 重複
· 信譽
· 感染

**圖1**

底會怎麼出現，各位可以來動動腦，但一定要了解的是，不管哪一個先出現，這三個錯誤都會彼此牽引，持續惡化。

## 計畫與客觀性

在市場上賠錢的「理由」（更精確地說，就是「藉口」）有千百種，而欠缺計畫或不按照施行，往往就是根源所在。況且，有計畫還可能賠錢呢，沒計畫當然賠得慘兮兮，到最後甚至要賠得一乾二淨。你進入市場後，會找到你需要的理由來採取一些可能的行動。除非能抓到完美時機，這偶爾會發生但肯定不會常常有，建立市場倉位後，它很快就會隨著行情波動，也許是先賺後賠，也許是先賠後賺。但它在某些時候可能是虧損，這時你會說：「我當初要是先賣出而不是買進，現在就賺錢啦！」而這樣的交易連續幾次之後，你會說：「這些虧損原本都可以賺錢的啊，我本來可以賺多少又多少。」這些都是廢話嘛！不管怎麼看，你進入市場的時機都不會絕對完美，因此某些時候總要呈現失利的狀況，你就有許多機會陷於情緒化的決策，進而導致虧損。因此你對市場的研判必須想辦法避免「一廂情願」，反過來說，也就是要有「客觀」研判的辦法，在決策時保持客觀。這就是我們需要一套計畫的原因。

對賭輪盤的賭客來說，客觀性是到他下注而輪盤開始轉動的前一刻為止，但之後他會賠掉的錢也就是那些下注的額

度，不會更多。但對市場參與者而言，客觀性是到他進入市場之前的那一刻，然而自此之後還有許多機會賠掉更多錢，所以你在進行交易之前，就必須先確定自己的進場、出場條件，因為在此之前你才是客觀的，能夠清醒地思考這些事情。你在進入市場之前，不會接受你無法容忍的虧損額度，因此像虧損額的多寡這種事，必須在進入市場之前就先決定。如此一來，進入市場後，就不會容易在情緒化之際做出決策，陷於第六、七、八章討論過的錯誤。

　　不管要做什麼決策，若想提升決策效率，就要透過計畫以保持客觀。要充分說明這一點，請各位看看以下例子。美國公共電視網（PBS）曾做過人體器官移植的專題報導：「拒絕捐贈器官的理由有許多種，但主要就是因為很少人曾考慮過自己的死亡，也對之毫無計畫。家族成員在事前，通常也不曾討論過器官捐贈的意願。到了狀況緊急、存亡一線之際，要談這個可又太殘酷了。」到那時候是不可能客觀看待這件事的，病患家屬看著病床上的摯愛，儘管身體仍然溫暖，心跳也還在，但大腦已經死亡。面對這種事關死亡的主觀痛失，家屬親朋很快就陷於內在虧損五階段。要是欠缺事前計畫，投資人和交易員也會受到相同的折磨。在危急時刻的壓力下，情緒會掌控他們的決策與行動。相反地，要是能事前制定計畫，設定客觀的研判條件，強迫你分清楚思考後的決策與情緒化決策。這有什麼不同呢？思考後才做出的決

策是推論演繹，而情緒化決策則是被誘導而得。被誘導即是在思考之前就行動，先建立市場倉位才做功課，你會特別看重那些有利的訊息，而忽略對己不利的證據。而演繹思維則是「謀定而後動」，你先做好功課、分析市場，自然能得出結論，知道是否入市、對象為何、什麼時候該買該賣。

　　另一種分辨方式是：你是因為看漲而作多，或者因為你作多才看漲？如果是作多才看漲，那你的決策就是情緒化，你會找尋各種能夠附和你倉位的意見和看法，以免自己看起來像個傻蛋，當然更不會承認錯誤。但不管你找到什麼理由，支持自己死抱著虧損倉位不放，那個洞只會越來越大。國際知名教育專家愛德華・德波諾（Edward de Bono）在其著作《傳授思考》（Teaching Thinking）中說：「人會利用思考，讓自己表現正確。這種現象在一些好學生的身上特別明顯，因為他們多年來都比其他學生表現優秀，於是思考不再用於學科領域的探索，而是作為維護自我意識的手段。」看起來就跟我一樣嘛。多年來的經歷顯示我似乎比別人優秀一點，因此我也自以為如此。以這種態度來運用思考，就像前面說的誘導決策，即先有個結論，再來找證據支持它。德波諾的說法，正好描述了我們是如何運用思考來內化自己的市場倉位。當我們因為連續幾次的成功（或獲利）而自以為了不起，潛伏的失敗也隨之萌芽，這時候我們以思考作為證明自我的工具，只曉得運用思考來證明自己看法正確、手

段高妙，而不是用它來決定適當行動。至於在將虧損情緒化時，我們也會利用思考來保護自我，儘管死抱虧損倉位不放，還淨找理由合理化自己的行為，想證明自己看法「正確」。

　　哲學家兼小說家安·蘭德（Ayn Rand）有一次在電台接受訪問時，被問到槍枝管制法是否違反美國憲法第二修正案中的攜械權利，她回答說：「我不知道。我還沒想過這件事。」她明明白白地承坦不知道，彷彿沒答案、沒意見是這個世界上最自然的事情。她可是二十世紀頂天立地的天才之一，整套哲學體系的建構者，她照樣會說：「我不知道。」與此相反的是，大多數的我們從電視、報紙、時事通訊和聊天談話中，不管是什麼議題，都能打包一大堆莫名其妙的知識立場、看法、意見、觀點和答案。等到有人詢問時，就會像卡帶放進錄音機裡頭，按下播放鍵重複放送。有些人甚至不必等到有人來問，就在聊天談話時自動反芻那些大概只值兩毛錢的意見。很多人對於市場的意見尤其是如此。正如勒龐所言，這種人云亦云正是形成群眾的本質，因為群眾對所有主題都需要一些現成的意見。所以，對任何事情都想要有個看法、有個答案，會讓你成為心理群眾的一員。你一旦發表意見，就是把市場情緒化，你會關心自己的對錯，因此成為群眾之一。而蘭德的作法是，在仔細思考之前，不必勉強給出答案，這種作法才能保持客觀（蘭德的哲學就叫「客觀

主義」真巧），你的思考才能用來探索可能的合適答案，而不是忙著為自己辯解。

各位要記住，參與市場不是為了證明自我，證明自己的對錯（這是想發表看法和簽賭），也不是要找娛樂（尋找刺激、興奮和賭博）。參與市場是為了賺錢，需要制定計畫來執行決策。要是執行得當，在等待買進、賣出條件到來的過程，其實挺無聊的。要是你開始感到興奮刺激，那就是在賭博。

要不想掉進發表看法的陷阱，唯一辦法就是按照蘭德的作法：在你回答之前就先思考，甚至在回答之後，也該繼續思考。要是有人問你對市場有什麼看法，你可以利用下列說法以避免將市場情緒化：「根據我使用的分析方法和設定的執行條件，如果市場出現這個狀況，我就會這麼做；反之要是市場出現那個狀況，我就會那麼做。」這樣的回應表示你是以客觀計畫來進行演繹思考，而不是主觀看法的誘導式思考。這也表示你是客觀地觀察市場，而不是會讓成功／獲利和失敗／虧損情緒化的主觀作祟。而這種回答態度也不代表你不對自己的決策負責。剛好相反，負起責任跟把這些事情緒化是兩回事。我們不必將市場的漲跌起落情緒化，推遲最後結果，一廂情願地希望行情好轉以證明自己正確無誤，也照樣可以為決策的最後結果負起責任。

過去有人說過，對於市場的思考混亂，是因為語義上的

混淆所造成的，你所用的話語對你怎麼看待市場有很大的影響，而且也揭示你是五種類型中的哪一種。比方說，你要是會說「我對了」或「我沒錯啊」，那麼你就是個簽賭的，你一定會想要維護自我。要是家鄉球隊輸球，你會說「我們輸啦」，你就是把自我押在那場失敗的球賽上頭。你甚至會說「我們其實也沒輸啦」，然後找藉口：「裁判不公」或「某個好球員因傷沒上場」。這就是把外部損失情緒化。會造成什麼損害呢？你要是下注五十元輸了，你照樣可以找藉口不認輸。這也不花半毛錢，你輸掉的一樣只是那五十元而已。但要是你在市場的虧損額度不預先設定好的話，你嚷著「我沒錯」、「我沒輸」可是會讓你賠成窮光蛋。

這個教訓就是：不管是成功或失敗，你把自我押注進去，就要面對心理因素所造成的虧損。我們之前已經說過，這種虧損可是災難性的，小賭變大賠，最後就成個災難。各位請記住，愛迪生就是不把失敗情緒化，才能贏得光明的成功（我不是故意要說雙關語）。要是不向愛迪生學習，而是像亨利・福特那樣，把事業成敗等同於自我的成敗，那就是自己布了個災難的局給自己。你要是把自我價值等同於交易輸贏、買賣賺賠和商場成敗，隨之震盪起伏，那麼你的自我必定時時刻刻都處於危險邊緣。把自我價值綁在起落無常，自己難以控制的因素上，一遇到事情就只會想要保護自我，而不知該如何決策以做出適切行動。

人的自我形象「不應依賴特定事物的成敗，因為這些不在你的意志直接操控之內，或者也不是只有自己才能控制。要是人的自我評判標準在自己意志操控範圍之外，必定對岌岌可危的自尊帶來慢性危害。」因此，你的自我形象不在於你所完成的事物，而在於你是怎麼做那些事情的。各位可以這麼想：你如果是個小偷，就算偷了一百萬美元，也不會覺得自己多光榮。如果那些錢是你賺來的，那很不一樣了吧。所以，不如把自我尊嚴擺在你能否客觀地設定參數條件來找尋機會，能不能切實遵守自己訂下的規則來執行。也就是說，就看你自己能否選定分析方法，制定一套計畫，老老實實地按圖操作，以這個標準來要求自我。

就像我們之前所說的，很多人在市場上賠錢並不是分析方法有問題，而是某些心理因素，讓他們不能切實遵守那套方法的要求。要控制這種虧損，只能靠事先制定的計畫。欠缺計畫就貿然參與市場，就像是從沒標定價的菜單上叫菜，然後讓服務生漫天要價，你都只好乖乖買單。這也像是在賭輪盤時，你自己不知道投注多錢，等到輪盤停止後，任由莊家從你身上掏錢。要是你在餐廳、在賭場都不會這麼做，為什麼在變數更多、金額更大的市場上會如此荒腔走板呢？欠缺計畫的市場操作，倉位可以無限期地拖延，不但讓未來更加不確定，也會因為你的行動未加規畫而造成偌大虧損。在行情波動、隨機出現的新聞事件和大家七嘴八舌的意見影

響下，你的虧損必定越搞越大。所以，必須制定先設定停損的計畫，並切實遵行，才能防止這種心理因素帶來的虧損。當然，分析方法的優劣也會帶來虧損，但這是市場交易中必定會有的正常損失。各位要是覺得那樣的虧損也大到自己難以忍受，就該回頭檢視你選擇的分析方法，重新設定應用規則，但這些動作是在你離開市場後才做。在此我們要強調的重點是，不要讓虧損因為心理因素而益形惡化。

計畫的有效與否，就看是否預先設定停損，以避免心理因素造成的損失，這對市場或市場外的活動都是如此。我想到的最近一個例子是 1993 年 9 月某個晚上看到的新聞。美國參議員山姆・努恩（Sam Nunn）對美軍派兵波斯尼亞一事曾表示：「在派兵之前，我們應該先想好退場策略。」另一位參議員鮑伯・杜爾（Bob Dole）在 1993 年 10 月也附和說：「這樣做的成本是多少？你們什麼時候撤軍呢？」在啟動波斯尼亞任務之前，這些參議員就想知道這個任務會在什麼狀況、什麼時候完成。

決策之前先考慮停損，對許多事情來說都不嫌牽強，殼牌公司就把情景規畫用到許多不同領域的諸多狀況中。要更清楚說明這一點，我們可以來看個比較久遠的實例：詹森總統和越戰。詹森的狀況，基本上就跟我一樣，過去的成功讓他志得意滿。詹森派遣地面部隊加入越戰，「是盲目地以為美國戰無不克、攻無不勝」。詹森在 1965 年開始擴大戰

事，馬上引發學生、教師、參議員和媒體專欄作家的抗議和
批評，後來到了 4 月，因為多明尼加共和國內亂頻仍，詹森
又派了兩萬兩千名美軍過去。他也派遣當時的國務卿麥克喬
治・邦迪（McGeorge Bundy）前去調解，但美軍的干預行
動招來更多的抗議。最後在多明尼加選出非共政權後，美軍
隨即撤兵。這個圓滿結局，讓外界對詹森外交政策的諸多批
評全部吃了一記悶棍。而多明尼加行動的成功，讓他更形志
得意滿，或許也感覺到那種點石成金的神乎其技吧，讓他更
相信自己才是對的，那些反對派都錯得離譜。

　　隨著戰事的擴大，美國越陷越深。對於越南狀況監視和
管理，詹森愈趨苛細，甚至自己挑選轟炸地點，很多其他小
事也都要他親自批准才行。他會在半夜兩點起床（為了配合
越南的時間），親自到白宮地下室的戰情室裡頭監看越戰的
發展。詹森開始把自己成敗跟越戰勝負綁在一起，證據是：
「詹森認為要是喪失越南，就難以拉攏盟國，也不能贏得大
選。」這就是詹森把越戰情緒化了，把它視為個人聲譽的成
毀關鍵。

　　並不是沒人提醒詹森要思考退場策略，就此而言，可說
是越戰的停損點。國務卿麥克喬治・邦迪即曾上呈備忘錄，
談到美國撤軍「我們的責任上限⋯⋯等問題的嚴密分析」。
這也就是說，邦迪想確認美國的停損點在哪。國務次卿喬
治・鮑爾（George Ball）在 1964 年 10 月的內部備忘錄也指

出越南是個失敗。鮑爾知道這個失敗只是一場戰事的失利而已。遺憾的是，「質疑美軍的作戰能力，就是挑戰詹森的尊嚴。」

這也不是說什麼阿貓阿狗的顧問說什麼，詹森都要聽從。只是各位看到這個例子，就知道任何決策者都可能跟我一樣掉進同樣的陷阱裡頭。詹森沒有準備好退場策略，也不能在客觀決策下制定完整的計畫。事實上，根據他某位助手指出，「詹森的習慣就是自己做出決定以後，才讓它像是經過協商和討論的結果」，這也就是誘導式的決策。原本應該是從一張白紙開始，先分析情勢，經由推論、演繹才能做出決定，但他是先得出結論，先建立市場倉位，再來找證據支持它。把這些狀況合在一起，各位就能看到一個情緒化決策的範例，他把過去的成功情緒化、內在化，而認為自己涉入就能保證現在這件事情也會成功。因為他把整件事都情緒化了，失敗就成了自身的錯誤，這是他的自尊所不能接受的，於是之後的決策，都是為了保護自我。就像德波諾所言，其思考成為自我保護的工具，而非客觀決策的手段。因為沒有制定包括退場機制的計畫，他就跟我在黃豆油慘事中一樣，淪為犧牲品。他情緒化地看待越來越大的越南虧損，不知謹慎作為而只想證明自己正確，最後就被那些情緒化的決策搞到焦頭爛額。那麼，詹森應該怎麼做才對呢？有兩位哈佛教授指出，詹森應該先評估戰事失利的風險，預先制定計畫來

控制它：

　　對於邦迪提出……「責任界限」的問題，總統也應該多加思考。詹森應該在 1965 年就要開始思考，設定某些條件，到時要是這些條件沒有達成的話，1966 年的演說要怎麼講。總之，他應該要對自己的假設做些測試，這是決策者都必須常常做的事。

### 確實寫下計畫

　　制定計畫後，各位也要設定某些條件，先寫下條件未達成時，你會怎麼做的講詞。要像準備講稿的作家一樣，確實地用筆寫下來。有白紙黑字在眼前，最能預防你在無意中或潛意識地違反原定計畫。這是讓思考變得客觀，不受自身情緒影響的辦法，如此才能明確自己的責任。

　　最後來看看全美獲利第一名的金融機構，證券公司摩根士丹利（Morgan Stanley）的例子。摩根士丹利於 1986 年從合夥事業轉為公開上市以來，是上市券商中股權收益最高者。這是因為它「不管對於好消息或壞消息，都熱中制定應變計畫」，因此得以「避免災難、抓住良機」。對於可能碰到的種種假設狀況，都會要求員工設想最壞的發展，確實寫下詳盡應變計畫。而這些假想的計畫，全部編入公司的「藍皮書」裡頭。摩根士丹利一位主管忍不住抱怨說：「我們不停地寫那些傻蛋藍皮書，肯定是綁手綁腳。」但他也聳聳肩

承認：「我們沒犯任何錯誤。」摩根士丹利是否犯過錯誤固然可以討論，但它的錯誤都在控制之內。這家公司努力做計畫，而且確實地寫下來，讓它得以避免一些災難狀況。

# 結論

**在學會遵守之前，違反規則誠屬不智。**

——艾略特（T. S. Eliot）

史提夫‧麥昆（Steve McQueen）在 1965 年主演的《龍蛇爭霸》（The Cincinnati Kid）是歷來最經典的撲克牌賭片。片中最高潮是史提夫‧麥昆（飾辛辛那提小子）和愛德華‧羅賓遜（Edward G. Robinson；飾賭王）最後那場梭哈對戰。當時這場賭王爭霸已經連戰數日，其他坑家紛紛落敗後，只剩小子麥昆想靠勝者通吃的梭哈牌拉下賭王羅賓遜。

發了三張牌時，麥昆兩張翻開的牌是一對十，所以他一次就下注一千美元。羅賓遜那兩張牌則是方塊 Q 和八，算是很糟的牌，但他跟進而且也加碼一千美元，彷彿他手上那張蓋著的牌也是 Q，或以為自己會拿到同花順。也許他只是在吹個世紀大牛皮而已。下一張牌，羅賓遜是方塊十，而麥昆是梅花 A。麥昆下注三千美元，這一手很漂亮，而羅賓遜跟進也再加碼。羅賓遜是要賭同花順，這可不是一對 Q 可以擺平的。不然他就是在虛張聲勢。羅賓遜的第五張牌是方塊九，而麥昆是黑桃 A，因此他把面前的三千五百美元都押上去。羅賓遜說：「那張 A 肯定讓你很爽吧，小子。我跟進你的三千五百美元，而且再加碼五千美元！」

現在，要是不能跟進就只好打包回家囉，除非對手收下你的識別卡，讓你先欠著。這時候的麥昆已經沒錢了，他想繼續比下去，識別卡就得押給羅賓遜，所以麥昆就把它押給羅賓遜，當做五千美元的欠條。唯一能夠打敗麥昆的牌，只有方塊 J 嘛。麥昆要求羅賓遜現牌，真的翻出一張方塊 J，麥昆的臉色看起來就像快吐了。他全輸光啦，雖然麥昆拿到葫蘆，三條 A 跟一對十，仍是不敵羅賓遜的同花順。

發牌的荷官不敢相信這手牌竟是這麼打的，她對羅賓遜說：「你那時候光拿三張同花，就敢一直加碼啊？」她說得沒錯，羅賓遜當時湊成同花順的機會可說微乎其微，不該那麼下注的，而且眼前就有麥昆的一對十啊。而且就算只是碰上兩對都很難贏了，何況對手是葫蘆。

「功德圓滿，不是嗎？在正確時刻做出錯誤的事。我想，就像生活嘛……。」羅賓遜對荷官說。

撲克牌賭客的風險在於他不知道自己和對方會抽到什麼牌。當你玩撲克牌賭錢時有兩種策略，你也許希望對手知道你有什麼牌（紀律嚴格玩家），或者你不希望對方知道自己有什麼牌（鬆散玩家），或者想要誤導對手以為你有什麼牌（也是鬆散玩家）。厲害的撲克牌賭客，就是一會兒扮豬、一會兒扮老虎。也就是說，要巧妙運用這兩種策略的不一致才是求勝關鍵。紀律嚴格的賭客是除非拿到一副好牌，不然不會繼續玩到底。他也許下注之後，看牌勢不對就收手。於

是大家就會知道，如果他會繼續玩下去，肯定是手上抓了好牌。要是大家都以為他要抓到好牌才肯玩，那他偶爾就能虛張聲勢，唬人得逞。

比方說，我玩五張牌的梭哈，手上現有兩張牌，翻開的是一張 J，而蓋著的是一張三，而其他玩家翻開的牌裡頭，有人有老 K。對方押五元，我跟進且加碼十元。要是大家以為我都是抓好牌才繼續玩，那麼現在他們一定以為我有一對 J。所以現在大家是跟一對 J 搞對抗，即使我沒這副好牌。因為大家以為你要抓好牌才會繼續打，所以你就有唬人的機會。要做到這一點，你之前必定蓋牌棄權很多次，而且你如果繼續玩到底，就一定會贏，或者至少牌都要夠好。要建立這種形象，你半途蓋牌的次數必定比玩到最後多很多，只要留下來就一定會贏。這種玩法會讓你省下不少錢，因為手上牌不好時趁早就離場，還有機會偶爾虛張聲勢一下。鬆散玩家則常常借勢唬人，也許是好牌押小注，或者牌不好時反而壓得多。要是大家知道你常吹牛，那麼一旦有好牌在手時也許就能痛宰對手。

跟撲克牌賭客一樣，投資人也是在不知道個別企業、股市大盤或整個經濟情勢將如何表現的狀況下，拿自己的錢冒險。不過，賭客雖是運用策略不一致來取勝，嚴守紀律的一致性才是市場交易的成功關鍵。雖然制定計畫並切實遵行也不保證成功，不會讓你萬無一失，但想要前後一致地控管虧

損，就是需要一套計畫。我們不能學習撲克牌玩家唬人那一套，但紀律嚴謹的玩家則頗有可學之處。哪個部分呢？他建立聲譽的方法：拿到好牌才留下來，牌不好就離場。你應該採取什麼行動早都計畫好了，市場倉位狀況不錯就會繼續執行，否則即按照計畫停損出場。你大可認賠，沒什麼好擔心的。你就是按照計畫，嚴守規則，情況有利就繼續留下來，否則就認賠出場。你要是丟棄紀律，想要虛張聲勢，最後也許會賠得一乾二淨。

藉勢虛張，自是氣勢多於實質。要是蓄意打破規則，對市場虛張聲勢，到最後賠大錢的也還是你。也許多次違反規則仍然僥倖得逞，但若抱著賠錢倉位，死撐待變，結果行情真讓你盼回來了，那你學到什麼呢？你學到的是，做錯事也照樣有回報，所以你以後還會重施故技。問題是你分不清何時違反規則是安全的，何時又是危險。

沒錯，有時候打破規則照樣獲利，做「錯的事情」可以得到獎賞，因為錯誤的理由卻做「對的事情」也可以得到獎賞。像這樣的狀況，我在早年幹得可不少。但要是你在市場中不斷做錯事還得到獎賞，這些獲利都跟你主動設定的計畫或規則無關，而成為心理學家所說的隨機獎勵計畫，最能讓人重複做出特定行為。比方說，心理學家想讓猴子重複按鈕，因此在猴子按鈕幾次之後即給予食物獎勵，例如每按五次或三次即給予食物。這個實驗也可以設定為不固定次數，

例如第一回須按五次，第二回按七次，然後又變為三次或
十二次。當獎勵條件變得不固定時，猴子會更熱中於按鈕，
以為一直按就會有食物。

　　我這輩子做過的最好交易之一，是有一次拋空黃金虧損
八千美元，當時金價一路挺揚到每盎司八百七十五美元，
而我是在三百五十美元認賠出場。1979 年 8 月初的某日，
金價有史以來首度突破每盎司三百美元。當時我覺得這個價
位實在是太荒唐啦，所以在三百一十美元下了兩口空單。下
完單之後，我又遞了一張停損單給某個朋友，請他在金價衝
到三百一十七美元時幫我回補，然後我就離開交易大廳，跑
到會計師那邊趕在 8 月 15 日延期截止前搞定 1978 年度的
報稅。當天稍晚我正跟會計師忙著的時候，接到祕書來電，
說芝加哥商業交易所要召開緊急董事會議（我是董事會成
員）。那時候美國的黃金市場已經收盤，但香港金市開盤後
跳升五十美元，因此董事會要投票表決是否將芝加哥金市的
漲跌幅限制從每天十美元調升為三十美元（當然，這個投票
表決我迴避了）。

　　關於那次交易，可以說我就是做了「正確的事」，我為
交易做了計畫、設定停損、進入市場，然後維持停損條件不
變。但是我沒改變停損條件，其實是因為我遞單請朋友處
理，所以不好意思再去要求取消。因此我實際上是因為「錯
誤」的理由而做出「正確」的事情。然而我當時並沒有從這

次經驗學到正確的教訓。其實我也不喜歡設停損，但既然都設了，要再去說「我太蠢了，我想取消停損單，繼續保持空倉」，我又說不出口。我從那次經驗的體會是，我寧可沒賺到錢，也不想讓自己這麼尷尬。因此我跟心理學家籠子裡的猴子一樣，因為有時候賺、有時候賠，就拚命按鈕，卻不知道為何會賺、為何會賠。

在市場上做出「錯誤的事」（也就是打破規則）還得到獎勵，你就會一直重複做那件事，而它跟你賺錢交易或投資也許有關、也許無關。要是你不知道交易之所以獲利的原因，自然也就不曉得要重複哪些行為才能創造獲利（或者避免虧損）。那麼日後你總會因此而倒大楣，而且至少會有一次。但到底是這一次、下一次還是以後的哪一次呢？你不知道。但你一定會因此而倒楣的。要是你還想對市場虛張聲勢，以為它會怕你，你遲早會把錢賠個精光。要是你偏離自己訂的計畫，就等於點燃爆炸的引信。這次或那次的戰鬥中，這顆炸彈也許沒引爆，但只要你還沒離開戰場，遲早會在你面前爆炸的。

### 假如……？

羅賓遜所說的「在正確時刻做出錯誤的事」，等於是說「偏離計畫，以預感、感覺或直覺為基礎來做決策」。就像是學校的選擇題測驗，你不知道答案，所以憑直覺來猜。也

像是康拉德玩百家樂，感覺時間到了，要開始連勝了，就加倍押注。

市場可不是讓你「在正確時刻做出錯誤的事」的地方。你一旦不按照計畫施行，就會觸發潛在的心理因素，造成偌大虧損。各位一定要堅定地遵守計畫，這件事再怎麼強調都不為過。各位在這本書中如果什麼收穫都沒有，只曉得自己需要制定計畫，那麼當你偏離計畫時總會知道吧。各位在讀這本書之前，也許對此一無所知，如今至少在偏離計畫時你會曉得吧。而各位在讀完這本書之後，也不能忽略一件事，就是你在未來的某個時候，一定會偏離計畫、打破規則。

即使下面這些話，看起來似乎跟本書主張制定計畫相違背，但要是我不在此提供最後一個建議，那麼我就是太失職了。因為我知道各位也都是凡人，所以你一定會在某個時候背離自己制定的計畫。我在此提供一個祕訣，要是各位偏離計畫、打破自訂規則，再來就依照直覺下判斷。各位要記住：投機（包括投資和交易）是人類作為中，唯一讓你覺得爽而剛好也是正確的事情。我們都知道不該吸菸，但很多人照抽不誤；我們都知道不要喝酒，很多人也照喝不誤；我們都知道不要開快車，但很多人仍是情不自禁。這些事情我們都知道對自己沒好處，為什麼還是照做呢？哎，因為感覺很爽啊！抽菸、喝酒、開快車，都是因為你覺得很爽嘛，但我們從小就接受教誨，事情不能覺得很爽就去做。但是說到市

場的話，我們就是要覺得很爽才做。要是你偏離自訂計畫，然後行情開始對你不利，要是我敲門問你：「如何？這樣你很高興嗎？」你會怎麼説？現在這個經驗會很愉快嗎？你一定會説：「才不！一點都不好玩。看著價格直往下掉，怎麼會高興！」這時候，就要做讓你爽的事情，就是退場。在市場上，痛苦和成功剛好站在對立面，因此你要是感到痛苦，就趕快離場。如果你作多，而且價格正在上漲，感覺很棒吧？這時候你應該怎麼辦？繼續高興下去啊，持股緊抱，它自然會越來越好。讓你覺得很好的倉位，就繼續抱著；要是你開始覺得不妙，就退出。自己心情不好的時候，你總會知道吧。所以在你覺得不好的時候，你就別再繼續了。就是這麼簡單。

# 後語

在序言中，我們談到亨利‧福特把他過去的成功情緒化，導致看法頑固，連番失利，而虧損近十億美元。不過像這種因為將過去成就情緒化導致巨大虧損的例子，也不只是亨利‧福特而已。

英國企業家佛瑞迪‧雷克（Freddie Laker）爵士，在1977年創辦橫跨大西洋兩岸的廉價航空服務，「天空列車」（Skytrain）。雷克的經歷是工廠提壺倒水小弟功成名就的經典故事，因為刻苦耐勞、努力付出，像台噴射機一樣一飛沖天，變成百萬富翁。為了博取財富和名望，他的飛機曾代表英、美兩國政府和國際航空業聯合組織：國際航空運輸協會（International Air Transport Association）。雖然天空列車當時只在北大西洋航線服務，但很快就會擴展到其他航線，不是嗎？這位鬥士只要再拿下幾個國家或組織的代表權，版圖擴張自是水到渠成。

但是在匯率變化不利和美國政府禁止所有DC10型飛機飛行等諸多因素阻擾下，在1979年的假期高峰剛開始的時候，傳出雷克的財務吃緊的消息。在雷克航空公司烏雲密布之際，雷克嚴厲駁斥財務吃緊的傳聞：「沒有，我沒破產！」（聽起來像是五階段的否認嗎？）儘管後來發現公司籌不出1981年9月到1982年3月要償還的四千八百萬美元本金和

利息，他還是否認財務吃緊的消息。雷克怒斥銀行家，說他得好好教他們怎麼工作才行：「我在航空業已經完成了創新。現在我得在銀行業好好創新一下。」他如此吹噓（聽起來很情緒化吧？像是群眾決策時的聲響階段）。直到最後時刻，佛瑞迪·雷克爵士都還以為事情必定有所轉圜，他的航空公司也就不會破產。結果事與願違，1982 年 2 月 4 日星期四，早上八點鐘，破產企業管理人大駕光臨。

再來看看個人電腦先驅和創意神童史蒂夫·賈伯斯（Steve Jobs）的例子。儘管欠缺正規的電算訓練，賈伯斯在這方面卻擁有非凡的天賦。他不受傳統拘束的思考，預見個人電腦的革命，證明他的確擁有先見之明。他先是開發出非常成功且受歡迎的第二代蘋果電腦，又繼續領導團隊，激勵員工，開發出最負盛名的麥金塔（Macintosh）個人電腦。《華爾街日報》說他「深信自己的天才」，這個信念為他帶來蘋果電腦的偌大成就，卻也為日後他在 NeXT 電腦公司從頂端墜落埋下病根。雖然管理顧問一再警告公司策略大有缺陷，他仍然頑強堅持自己的遠見。但是這一次賈伯斯的願景失靈，NeXT 公司就是無法轉虧為盈，已經燒光股東的二億五千萬美元。

最後我們來看看羅伊·雷蒙（Roy Raymond）的例子，他創辦的是優雅誘人的女用內衣連鎖店「維多利亞的祕密」（Victoria's Secret）。1982 年，他以兩百萬美元的價格，

把這個生意賣給服飾大廠里米提（The Limited）。雷蒙的一位朋友說：「羅伊一向覺得自己是金鋼不壞之身，任何東西經他巧手一碰就變成黃金。」結果他轉進高級童裝店，以破產收場。

這些人都以為成功在「我」，以為此後可以一直成功下去。而另一種例子，我們可以來看看可口可樂公司的執行長羅貝多·哥祖塔（Roberto Goizueta）。哥祖塔在 1981 年升任可口可樂的董事長，提出「1980 年代大戰略」，展現「可口可樂服務多元化，擴充產品線，以符合消費者對我們的形象要求」的雄大企圖。

當時包括傳播媒體在內，也沒幾個人把他的話當真。於是在 1983 年，可口可樂公司收購哥倫比亞影業公司（Columbia Pictures）時，大家都傻了。「金融分析師不看好這筆交易，宣稱可口可樂買得太貴，況且，可口可樂哪會拍電影啊？」可口可樂的股價幾天之內就下跌了 10％。然而那一年後來的發展，讓批評者不得不承認可口可樂（還有哥祖塔）可一點也不笨。哥倫比亞公司連續推出三部強片：《窈窕淑男》（Tootsie）、《甘地》（Ghandi）和《玩具》（The Toy）。哥祖塔甚至提出一個被公司大多數人認為離經叛道的構想：讓其他飲料冠上「Coke」這個崇高名字。事實上早在 1960 年代初期，該公司就有幾個人大膽提議讓開發中的低卡飲料「泰伯」（TaB）冠上「Coke」，結果受到當時

執行長保羅‧奧斯汀（J. Paul Austin）的譴責。如今二十年後，奧斯汀的繼任者直接提議讓低卡飲料冠上「Coke」的名字。「健怡可樂」（Diet Coke）果然是一炮而紅，超越公司所有人的預期。

「到 1983 年的年底，哥祖塔覺得自己在世人眼中已獲平反。吸金機哥倫比亞公司在成為可口可樂的子公司後，首年度獲利高達九千一百萬美元。在健怡可樂無與倫比的成功後，該公司也在 1983 年迅速推出沒有咖啡因的可口可樂、健怡可樂和泰伯汽水。哥祖塔證明可口可樂公司能夠順應時勢、創造潮流，這個巨人只要一伸手，就會成為區隔市場的主導者。」在 1983 年《商業周刊》的春季號，哥祖塔被《廣告周刊》（Ad-Week）封為「年度行銷人」，也受《鄧恩商業月刊》（Dun's Business Month）的稱讚表揚，提名參與「全美管理最佳五大企業」的角逐。哥祖塔的勝利真是錦上添花，他若想睥睨當世，洋洋自得，絕對不會找不到理由的。但是他在 1983 年時也說：「一家公司如果好到像我們這樣，就會有一種危險。這種危險就是，要是以為我們不會犯錯，那麼我們就會犯錯，而且是犯下大錯！」

1985 年哥祖塔決定改變可口可樂的祕密配方。他在可口可樂公司擔任化學家多年，早就想更改可樂的調配密方。1985 年 4 月 19 日，他召開記者會宣布更改配方。哥祖塔說這是「包裝消費品產業史上最大膽的行銷創舉」，還說是「有

史以來最穩健的行動」。這個決定馬上引發媒體和大眾的反彈。《商業周刊》說它是十年來最大的行銷錯誤，很多人都同意。但是「這種預備、射擊、瞄準的作法到目前為止都很有效，這個可說是大膽無畏的行動，也會向所有質疑者證明可口可樂的領導能力。」

哥祖塔會不會情緒化看待過去的成功呢？他會不會也有點石成金的徵狀？過去他也曾做出幾個不受贊同的重大決策，但最後都證明他是對的。但他不像福特、雷克、賈伯斯和雷蒙那樣，哥祖塔並未將之前的成功情緒化，因此他能夠承認且接受「虧損」。他不將這件事當做是個人的意氣之爭，沒有選擇戰鬥到底，一路走到昏天黑地。他發現完全改變配方是個虧損的訴求，馬上就認賠收手，繼續前進。他明快處理殘局，以可口可樂經典款為名重新推出原來的配方，而且在這個收復失土的過程中，甚至又提高了可口可樂的市場占有率。

哥祖塔為什麼不會掉進那個陷阱，產生致命錯誤呢？是因為他是個管理者，才不會掉進這個陷阱嗎？不是。我們很快就會看到，管理者都很容易情緒化。福特、雷蒙和剛剛談到的那些掉進陷阱的人都是創業家，而創業者很難轉變為經營者嗎？也不是。創業者轉變為成功經營者的例子也有很多，像是聯邦快遞（Federal Express）的佛瑞德・史密斯（Fred Smith）、MCI 通信公司（MCI Communications）

的威廉・麥高文（William McGowan）和微軟（Microsoft）的比爾・蓋茲（Bill Gates）都是。那麼，哥祖塔和其他人的差異在哪兒？其他那些就像哈佛商學院工商管理教授威廉・薩爾曼（William Sahlman）所說的這種人：「我看過一些人，在某個時間的某個地方，提出一個好點子……而達到驚人的成功。但之後就完全不曉得要幹嘛。他們既不是好顧問，也不是會將經驗重複運用的企業家。因為過去的成功，而經歷一個過程，以為自己是個天才。」薩爾曼說的「過程」，也就是本書一再申明的那個把成功內在心理化、情緒化的過程。哥祖塔避開了那個過程，但其他人沒有。他並未將個人價值與事業想法的成敗看做是同一回事。所謂內在和外在的虧損，他分得很清楚，也沒有把過去的成就以情緒化的心理來看待。他知道做出正確舉動和證明自己正確是不一樣的，也就因此避免了情緒化。而這就是成功決策者與那些不太成功的人的差別。

　　儘管哥祖塔基本上算是個經營者，而其他幾位都是創業家，但他們一樣都是在工商業界裡頭負責決策，以控管風險、提升獲利為目標，而不是光想著證明自己是對的，以滿足自我。各位一定要記住：你光是知道市場為何漲、為何跌，也賺不到半毛錢。不管你是否知道特定某日市場會漲會跌，你都必須要有一套計畫來利用市場行情的波動起伏，才能賺到錢。

　　商管理論的聖經《哈佛商業評論》（Harvard Business Review）說：「優秀業務員需要一種必要的特質，就是要有獨特的自我要求，想要以滿足個人情感或自我尊嚴來做成買賣，不會只是為了賺錢而已。在做成買賣、減少失敗的過程中，他的自我形象也隨之豎立。」但是這種特質對於投機者和其他任何類型的決策者都特別不利。了解到這一點，我也就明白為什麼我過去當業務員可以賺很多錢，但當個交易員卻一毛錢都賺不到。還記得我後來想把錢賺回來卻白費了一番工夫，到那時候才了解到自己根本不算個交易員嗎？我過去一直是個很棒的業務員，在正確的時間、站在正確的位置，但從來就不是個交易員。

　　這也不是說業務員，就不能做交易員，或者說業務員，就不能當個經營者或創業家，其真正意義在於，就業務員（或號子的營業員）的動機而言，他需要制定一套計畫來預防情緒化，把自己或客戶的倉位情緒化，就像我搞垮克里夫蘭辦公室後，把客戶的虧損當成自己的意氣之爭。業務員對於自我尊嚴的要求，也很能說明業務員通常會是差勁的交易員。為什麼呢？業務員的目標就是完成銷售，他面對客人的否定和拒絕時，會想證明自己是對的。但投機者是以賺錢為目的，並不需要證明自己是對的，或者對抗市場的否定。面對詰難而想證明自己是對的，這種自我尊嚴的滿足是業務員所需，卻是投機者和經營管理者都要避免的。你要是把個人

尊嚴和事業成敗、倉位盈虧綁在一起，萬一真的發生虧損時就會不想承認，而像圖 1 所描述那樣。只要是心理因素造成的損失，情況莫不如此，不管損失的金額大小（一千美元或一百萬美元），也不管發生的場域為何（也許是交易市場或其他產業）。比方說，《會計研究雜誌》（Journal of Accounting Research）在 1989 年的研究指出，經營者「不願放棄他們推動的計畫，是因為如此會對自己管理能力帶來負面信號」，而且「要是出售某項資產會對他個人帶來負面訊息，經營者也會選擇不出售。」這個研究還發現，像這樣的經營者卸任交棒之後，其「繼任者不必再考慮前任的聲譽，也就沒有理由再保留那些資產，因此會很快地處理掉」。繼任者可以客觀評估，但前一任就沒辦法。這告訴各位什麼呢？經營者和企業主管都可能把事業計畫跟自我綁在一起，因為把整件事情情緒化，也就像投機者將倉位情緒化一樣，更容易蒙受心理因素所造成的虧損。

身為投機者、創業家或經營者，各位也必須了解，同樣是堅持某個想法，其中還是有些細微的分別不可不察：是這個想法真的很棒呢，或者只是因為「你」覺得這個想法很棒？前者是客觀，後者是主觀，而且往往就是因為之前的成功而造成情緒化。在第一種情況中，你是檢視證據、經過推論演繹，才做出決定。這個決定具備事實的支持，而且也擁有務實的退場規則：要是特定條件無法達成，你認為這樣就

不再是個好點子，也就欠缺證據支持原來的決定。而第二種情況是先做出決定，也不會有退場策略，你只是被決定所誘導，事後再去找證據來支持它。前者是你運用思考來探索各種可能性，最後自然地得出結論；後者則是運用思考來捍衛自己之前表達的意見，這是為了保護依附在意見上的自我尊嚴。

要是上述關於堅持的區分，你還是不明白，也許以為想要當個成功的創業家，就是相信自己的想法，然後承擔執行的風險。畢竟，這不就是創業家要做的嗎？他們就是要承擔風險，有些創業家願意承擔非常大的風險，大到像是不怕死一樣。可是他們真的是在尋找風險嗎？

請看看史考特・施密特（Scott Schmidt），他是推廣極限滑雪運動的「創業家」。施密特從六十英尺高的懸崖表演滑雪跳躍，滑雪設備公司會提供贊助，也有人幫他拍攝跳躍的影片。他也會從滑雪遊客輸送椅上一躍而下，像個不要命的瘋子似的。其實他的每次跳躍，都是經過精心策畫，選定跳躍和著陸點……他這些前所未見的作法，已經為極限滑雪「產業」開展出一條路。有些人比他更大膽，卻都死了。施密特可不認為自己大膽無畏。

以他的做法來說，施密特可不魯莽，他會先畫出進、出場圖（即做計畫），他不是在找風險，而是在管理風險、降低風險。

　　再看看白手起家的億萬創業家克雷格‧麥考（Craig McCaw），儘管表面上看來有些矛盾之處，麥考行動通訊（McCaw Cellular Communications）的創辦人兼董事長克雷格‧麥考堅稱他和他公司裡頭的人「一直都是厭惡風險」。而他開展事業的方法是怎麼來的呢？從一種遊戲開始（聽起來很熟悉吧），他爸爸艾洛伊‧麥考（J. Elroy McCaw）也是個創業家，他早期就跟著父親東奔西跑做生意，也跟他下西洋棋，「學到退場策略的觀念……我們做的每一筆生意都有後門，只是大家看不到而已。」這又是本書一再談到的停損（即退場策略）之必要的另一個例子，也可以說明遊戲正面屬性對於商務和市場連續過程的好處。

　　在交易市場上適用的道理，在一般商場上也適用。在市場上有很多種賺錢方法，在商場中也是如此。山姆‧華頓（Sam Walton）有他的賺錢方法，名牌精品古馳（Gucci）則是用另一種。各位去翻翻美國企業年鑑，就會從那些知名的創業家與商業人士見識到許許多多不同的個性和方法，他們的企業結構和規模大小也都不一樣。有些是依靠團隊努力，有的是單打獨鬥；有些人一開始就很有錢，有些則否。像這樣的不同之處，說也說不完。而這些成功創業家和優秀的企業經營者，在賺錢方面也沒有什麼固定模式。大家會以為他們的共同點是承擔風險，但他們其實都擅長判斷、降低和控制風險。克雷格‧麥考知道這一點，但史蒂夫‧賈伯斯

呢？經過八年的時間，NeXT公司「燒光了兩億五千萬美元，卻沒做出成功的產品，也欠缺持續獲利能力」。這樁案子的退場點在哪？羅斯·裴洛（Ross Perot）和佳能公司（Cannon, Inc）原本是出資一億二千五百萬美元。當時就曉得虧損會到兩億五千萬美元嗎？如果事先就曉得，那很好。若是不知，那麼是什麼阻止它惡化為三億五千萬美元呢？不管什麼產業的經營者，都必須能夠承擔虧損。

貝爾斯登（Bear Stearns）的執行長艾倫·「王牌」·格林伯格（Alan "Ace" Greenburg）曾說：「能承擔虧損才是個交易員。」這跟我們之前所說的一樣，虧損本來就是做生意必定會出現的事，要想完全沒有虧損，你還是趁早收山吧。貝爾斯登每週都會開一次「冷汗」會議，逼交易員交代倉位狀況。公司可以容忍虧損，但不喜歡驚喜。開會時，交易員被逼問自己的某個倉位狀況，和失利的底線。交易員會說明幾種可能狀況，以及伴隨而生的虧損。一旦倉位惡化，虧損額激增，就算是千萬美元以上，才能照樣從容不迫氣定神閒。像這種狀況他們早就準備好了，虧損額都在停損點之內，一旦好轉甚至還能賺錢。但各位要了解的是，他們可以容忍虧損倉位繼續，是因為還沒達到原先設定的停損額度，而不是因為想要裝無事、裝聰明或想證明自己正確。各位請記住，我們參與市場——各種市場——不是想滿足需要（即解決問題），就是想滿足欲望（即讓自己感覺良好）。管理

風險就是解決問題，絕不是為了感覺良好、讓自己看起來很聰明或想證明自己正確。

　　不管是哪種風險承擔，投資、企業經營或創業活動，你都要先注意虧損的問題（甚至賭博也是如此。賭客先決定自己要押多少，知道虧損會是多大，才真正開始賭。而不是賭完之後任憑荷官或莊家宰割）。各位要怎麼決定虧損，如何控制、如何讓虧損最小呢？你必須要能夠做出客觀的決策，制定一套計畫，而且計畫一開始就先設定好停損。

　　這本書不是要找出什麼成功的公式，而是先找出失敗的原因，讓大家知所趨避，這才是獲利的法則。王安電腦的創辦人王安曾說：「我的信念是，成功絕對沒有『祕訣』！」失敗的公式不是因為欠缺知識、腦力、技能或不夠勤勞，也不是欠缺運氣，而是情緒化看待虧損，尤其是在先前享受一連串的勝利和獲利之後。一旦虧損出現，就等於要你否定自己，於是你就拒絕承認失敗，也不願接受虧損的事實。

# 附錄

- 吉姆·羅傑斯對於索羅斯基金的成功有著一半的貢獻（另外一半當然就是喬治·索羅斯〔George Soros〕）。在他參與操作的 1969 年到 1980 年期間，基金成長了 3265％，而同期史坦普指數複合上漲率只有 47％。

- 馬蒂·史華茲是獨立的專業交易員，在美國交易冠軍賽（U.S. Trading Championships）中表現傑出而打開知名度。他曾參與十次四個月期的賽程，其中九次所賺到的錢，比其他所有參賽者的獲利總和還多，未轉換為年率計算的平均報酬率為 210％（剩下的一次則是不賺不賠）。

- 約翰·坦伯頓堪稱全球投資界大老。他的投資紀錄顯示，三十一年間的平均年增長率為 15％，同期史坦普指數僅 7％。他在「退休」前，仍管理六十億美元的坦伯頓基金。

- 威廉·歐尼爾在 1958 年進入證券業擔任營業員，1962 至 63 年間靠著連續三筆交易，讓本金五千美元膨脹為二十萬美元。最後還自己發行《投資人商業日報》（Investors Business Daily）。晚近十年中，其平均投資報酬年率達 40％。

- 華倫·巴菲特在二十五歲時以十萬美元創辦巴菲特合夥事業。1969 年趁著市場投機高峰，他清算了合夥事業，時

值一億美元，巴菲特占股兩千五百萬美元，而其他投資人的股份也都是原本投資額的三十倍。如今他經營的伯克夏‧哈瑟威（Berkshire Hathaway）公司也非常成功，其高明投資眼光讓眾多投資人同蒙其利。擠身「富比士全美四百大富豪」之列就是他投資成就的證明，其個人財產約達十億美元。

● 彼得‧林區在1977年至1990年間，曾執掌有史以來全球最大共同基金，富達管理公司（Fidelity Management）的麥哲倫基金（Magellan Fund）。於1990年1月退休之前，林區的薪酬之高，在全世界投資基金從業人員中也是數一數二者。要是在1977年林區開始控管基金時投資一萬美元，到1988年時會成長為二十萬美元。

● 保羅‧都鐸‧瓊斯擔任期貨號子業務員的第二年，其佣金收入即超過一百萬美元。1980年他跳槽到紐約棉花交易所（New York Cotton Exchange）在交易大廳自營操作，幾年下來就賺了幾百萬美元。要是在1984年至88年投資以他為董事長的都鐸投資公司（Tudor Investments），一千美元可以成長為一萬七千美元。

● 麥克‧史坦哈特擁有投資史上最好的二十年期投資紀錄。如果是在1967年投資一萬美元到他的避險基金，二十年後會成長為一百多萬美元，複合年成長率平均達330％，同期間的史坦普五百指數只能使一萬美元成長為六萬

四千美元。

- 羅伊‧紐伯格是紐伯格－伯曼公司（Neuberger-Berman & Company）的董事長。他是 1929 年從華爾街股市的跑單員做起，幾年後開始自營操作，讓原本的三萬美元成長為數百萬。

- 伯納德‧巴魯克早在 1920 及 30 年代，才三十二歲時即在華爾街獲利三百萬美元。他在股市中賺到一百萬，就拿它冒險賺第二個一百萬，如此累積出二千五百萬美元。

- 威廉‧甘恩即使不是歷來最優秀者，至少也是 1920 及 30 年代中最屬害的期貨和股票交易員之一。曾有人分析他的交易紀錄發現，在二十五個交易日裡頭他做了二百八十六筆交易，其中二百六十四筆都賺錢了。而光是那麼一小段時間，就把四百五十美元膨脹為三萬七千美元。

獲 利 的 法 則 : 一 個 操 盤 手 的 虧 損 自 白 / 吉 姆 . 保 羅
(Jim Paul), 布南登 . 莫尼漢 (Brendan Moynihan) 著 ; 陳重亨譯 . -- 初
版 . -- 臺北市 : 今周刊 , 2013.10
　面 ;　公分 . -- ( 投資贏家 ; 4)

譯自 : What I learned losing a million dollars

ISBN 978-986-89963-0-4( 平裝 )

1. 期貨交易　　2. 投資心理學

563.534　　　　　　　　　　　　　　　　　102018749

*What I learned losing a million dollars*

獲利的法則：
一個操盤手的虧損自白

投資贏家 04

| | |
|---|---|
| 作　　者 | 吉姆‧保羅 &<br>布南登‧莫尼漢 |
| 譯　　者 | 陳重亨 |
| 責任編輯 | 陳雅如 |
| 行銷企劃 | 胡弘一 |
| 內文排版 | 張閔涵<br>健呈電腦排版公司 |
| 封面設計 | 黃馨儀 |
| 校　　對 | 林偉國 |
| 發行人 | 謝金河 |
| 社　長 | 梁永煌 |
| 總編輯 | 巫曉維 |

| | |
|---|---|
| 出版 | 今周刊出版社股份有限公司 |
| 地址 | 台北市南京東路一段 96 號 8 樓 |
| 電話 | 886-2-2581-6196 轉 207 ~ 209 |
| 傳真 | 886-2-2531-6433 |
| 網址 | www.businesstoday.com.tw |
| 總 經 銷 | 大和書報股份有限公司 |
| 初版四刷 | 2014 年 12 月 |
| 電　　話 | 886-2-8990-2588 |
| 製版印刷 | 科樂印刷事業股份有限公司 |
| 定　　價 | 300 元 |

*Investment*

*Investment*